目录

第一模块 税法总论

一、单项选择题

| 1 | C | | 2 | A | | 3 | D | | 4 | A |

二、多项选择题

| 5 | BD | | 6 | AC | | 7 | BC |

一、单项选择题

1 斯尔解析▶ **C** 本题考查税法基本原则和适用原则。

税法基本原则包括：税收法定原则、税收公平原则、税收效率原则、实质课税原则。其中实质课税原则的含义为应根据纳税人的真实负担能力决定纳税人的税负（选项C当选）。

税法适用原则包括：法律优位原则（选项B不当选）；法律不溯及既往原则；新法优于旧法原则；特别法优于普通法原则（选项D不当选）；实体从旧、程序从新原则（选项A不当选）；程序优于实体原则。

2 斯尔解析▶ **A** 本题考查税法要素的内涵。

选项A当选，征税对象是区别一种税与另一种税的重要标志。

选项B不当选，税率是计算税额的尺度，也是"衡量税负轻重与否"的重要标志，体现征税深度。

选项C不当选，纳税义务人又称纳税主体，是税法规定的直接负有纳税义务的单位和个人。基本形式包括自然人和法人。

选项D不当选，税目是征税对象的具体化，反映具体的征税范围，是对课税对象质的界定。

3 斯尔解析▶ **D** 本题考查税收立法权的划分。

选项D当选，《中华人民共和国增值税暂行条例》属于国务院制定的授权立法，《中华人民共和国增值税暂行条例实施细则》是国务院的下一级行政机关，即税务主管部门制定的法规，属于部门规章。

选项A不当选，属于全国人大及其常委会制定的税收法律。

选项B不当选，属于地方政府规章。

选项C不当选，属于国务院制定的税收行政法规。

 **应试攻略**

在判断法律法规的制定机关时，从两方面把握：

(1) 首先理解下一级别的行政机关，拥有对上级行政机关制定的法律法规的解释权，通常表现为"××实施条例""××实施细则"。

(2) 准确记忆我国现行实体税种的立法机关（排除法记忆）。

我国现行的实体税种中，有6个是国务院经全国人大及其常委会授权立法，以税收条例或暂行条例颁布的，分别为《增值税暂行条例》《消费税暂行条例》《土地增值税暂行条例》《房产税暂行条例》《城镇土地使用税暂行条例》《进出口关税条例》。除此外，其余税种，均是由全国人大及其常委会制定的税收法律。

提示：需要注意"××暂行条例"与"××实施条例"的区分。"暂行条例"为国务院经人大授权进行的授权立法，而"实施条例"是对前面法律法规的解释性文件。

4 （斯尔解析）▶ A 本题考查税收收入划分。

我国的中央和地方共享税包括增值税（不含海关代征的进口环节增值税）、企业所得税、个人所得税、资源税、城市维护建设税、印花税。

选项B不当选，消费税（含海关代征的进口环节的消费税）属于中央政府固定收入。

选项C不当选，中国国家铁路集团、各银行总行及海洋石油企业缴纳的企业所得税归中央政府所有，其余的企业所得税按照中央60%，地方40%的比例划分。

选项D不当选，证券交易印花税全部归中央政府，其余全部归地方政府。

二、多项选择题

5 （斯尔解析）▶ BD 本题考查税法原则的具体规定。

选项A不当选，税法的基本原则包括税收法定原则、税收公平原则、税收效率原则、实质课税原则，而新法优于旧法原则（也称后法优于先法原则）属于税法的适用原则。

选项C不当选，根据"纳税人真实的负担能力决定纳税人的税负"体现了实质课税原则。

 **应试攻略**

判断税法原则陈述正误时，从两方面把握：

(1) 首先判断对税法基本原则和税法适用原则的分类是否准确。

(2) 在分类准确的基础上，再去判断税法原则的含义是否正确，避免张冠李戴。

6 （斯尔解析）▶ AC 本题考查税法要素的具体规定。

选项A当选，车辆购置税适用单一比例税率，税率为10%。

选项C当选，烟叶税适用单一比例税率，税率为20%。

选项B不当选，土地增值税适用超率累进税率。

选项D不当选，车船税适用定额税率。

7　**斯尔解析▶** BC　本题考查税收征收管理范围。

选项BC当选，海关系统负责征收关税和船舶吨税，同时还负责代征进出口环节的增值税和消费税。

选项AD不当选，车辆购置税和车船税均由税务机关负责征收。

第二模块　增值税法

一、单项选择题

8	D	9	B	10	A	11	A	12	D
13	B	14	C	15	B	16	B	17	B
18	C	19	D	20	A	21	B		

二、多项选择题

22	AB	23	BD	24	AC	25	ABD	26	BCD
27	ABD	28	AB	29	ACD	30	BCD		

一、单项选择题

8 〔斯尔解析▶〕　**D**　本题考查增值税征税范围的具体规定。

选项D当选，证券投资基金管理人运用基金买卖股票、债券免征增值税。

选项A不当选，域名属于无形资产，科技公司转让域名应按照"销售无形资产"计算纳税。

选项B不当选，邮政服务包含邮政普遍服务、邮政特殊服务及其他邮政服务。中国邮政集团公司及其所属邮政企业提供的邮政普遍服务和邮政特殊服务免征增值税；而邮政部门提供邮政代理服务应按照"邮政服务——其他邮政服务"计算纳税。

选项C不当选，电信公司提供卫星电视信号落地转接服务应按照"增值电信服务"计算纳税。

提示：资管产品管理人运营资管产品过程中发生的增值税应税行为，适用简易计税方法，按照3%的征收率缴纳增值税。

9 〔斯尔解析▶〕　**B**　本题考查增值税征税范围的具体规定。

选项B当选，提供信托管理服务属于"金融服务——直接收费金融服务"。直接收费金融服务，包括提供货币兑换、账户管理、电子银行、信用卡、信用证、财务担保、资产管理、信托管理、基金管理、金融交易场所（平台）管理、资金结算、资金清算、金融支付等服务。

选项A不当选，提供经营租赁服务属于"现代服务——租赁服务"。

选项C不当选，受托拍卖佣金收入属"现代服务——经纪代理服务"。

选项D不当选，预收单用途卡持卡人充值的资金，不征收增值税。

10　斯尔解析▶　**A**　本题综合考查增值税视同销售、特殊征税范围和税收优惠项目。

选项A当选，纳税人将自产、委托加工或购进的货物分配给股东或投资者，应视同销售，征收增值税。

选项B不当选，药厂销售自产创新药，正常缴纳增值税，但后续提供给患者免费使用的相同自产创新药，不征收增值税。

选项C不当选，房地产主管部门或者其指定机构、公积金管理中心、开发企业以及物业管理单位代收的住宅专项维修资金，不属于增值税征税范围，不缴纳增值税。

选项D不当选，个人从事金融商品转让业务免征增值税，但企业从事金融商品转让应按照"金融服务"缴纳增值税。

11　斯尔解析▶　**A**　本题考查增值税零税率和免税政策的区分。

选项A当选,境内单位和个人跨境销售国务院规定范围内的服务、无形资产，税率为零。主要包括国际运输服务、航天运输服务，以及向境外单位提供的完全在境外消费的下列服务：研发服务、合同能源管理服务、设计服务、广播影视节目（作品）制作和发行服务、软件服务、电路设计及测试服务、信息系统服务、业务流程管理服务、离岸服务外包业务、转让技术。

选项BC不当选，境内向境外提供的完全在境外消费的电信服务、在境外提供的广播影视节目播映服务应适用增值税免税政策。

选项D不当选，无运输工具承运业务的实际承运人提供的国际运输服务适用于增值税零税率政策，而经营者应适用增值税免税政策。

提示：境内向境外提供的完全在境外消费的广播影视节目"播映"服务适用增值税免税政策，而广播影视节目"制作和发行"服务适用增值税零税率政策。

12　斯尔解析▶　**D**　本题考查增值税销售额的确定。

选项D当选，贷款服务，以取得的全部利息及利息性质的收入为销售额。

选项A不当选，纳税人提供融资性售后回租服务，以全部价款和价外费用（不含本金），扣除对外支付的借款利息、发行债券利息后的余额作为销售额。

选项B不当选，银行业金融机构、金融资产管理公司（一般纳税人）处置抵债的不动产，以收入扣除取得该抵债不动产时的作价作为销售额。

选项C不当选，一般纳税人提供劳务派遣服务，选择适用简易计税方法的，允许扣除支付给劳务派遣员工的工资、福利和社保以及住房公积金后的余额为销售额。

13　斯尔解析▶　**B**　本题考查金融服务相关增值税的计算。

选项B当选，具体计算过程如下：

（1）持有上市公司股票取得的股息收入，为非保本性质的收益，不属于利息或利息性质的收入，不征收增值税。

（2）金融商品转让，按照卖出价扣除买入价的余额为销售额，故转让债券的销售额=100 000-70 000=30 000（元）。

（3）转让金融商品出现的正负差，按盈亏相抵后的余额为销售额。相抵后的负差可以结转下一纳税期与下期转让金融商品销售额相抵，但是年末仍有负差的，不能转入下一个会计年度。故第一季度的亏损5 000元可以从转让金融商品的销售额30 000元中相抵，但是2023年的亏损20 000元不得从2024年的销售额中相抵。

综上，2024年第二季度该业务应缴纳的增值税=（30 000−5 000）÷（1+6%）×6%=1 415.09（元）。

选项A不当选，误将2023年的亏损额从2024年的销售额中进行了抵扣。

选项C不当选，误将股息收入按照"贷款服务"计算纳税，同时，将2023年的亏损额从2024年的销售额中进行了抵扣。

选项D不当选，误将股息收入按照"贷款服务"计算纳税。

14　斯尔解析▶　C　本题考查海关进口专用缴款书进项税额的抵扣。

选项C当选，如果缴款书上既有代理进口单位名称，又有委托进口单位名称的，只允许其中取得原件的一个单位抵扣税款。

15　斯尔解析▶　B　本题考查增值税进项税额不得抵扣的具体规定。

选项B当选，增值税一般纳税人购进货物用于简易计税方法计税项目、免征增值税项目、集体福利或者个人消费的，其进项税额不得抵扣销项税额。

选项ACD不当选，均应视同销售缴纳增值税，其进项税额可以抵扣。

16　斯尔解析▶　B　本题考查增值税加计抵减的计算。

选项B当选，具体计算过程如下：

（1）先进制造业2024年加计抵减的比例为5%。

（2）本期计提加计抵减额=本期可抵扣进项税额×5%=50×5%=2.5（万元）。

当期可抵减的加计抵减额=上期结转的加计抵减额余额+本期计提加计抵减额−本期调减加计抵减额=1+2.5=3.5（万元）

（3）抵减前的应纳税额=销项税额−进项税额=57−50=7（万元）。

（4）抵减前的应纳税额大于零，且大于当期可抵减加计抵减额的，全额抵减，因此当期可以抵减的金额为3.5万元，抵减后5月应缴纳的增值税=7−3.5=3.5（万元）。

选项A不当选，误认为加计抵减比例为10%。

选项C不当选，未考虑期初加计抵减余额。

选项D不当选，未考虑本期计提加计抵减额。

17　斯尔解析▶　B　本题考查留抵退税政策中进项构成比例的计算。

进项构成比例为2019年4月至申请退税前一期间已抵扣的增值税专用发票（含全面数字化的电子专用发票、机动车销售统一发票）、收费公路通行费电子普通发票、海关进口增值税专用缴款书、解缴税款的完税凭证注明的进项税额占同期全部已抵扣进项税额的比重。

选项B当选，进项构成比例=（1 000+200+400）÷（1 000+200+400+400）=80%。

18　斯尔解析▶　C　本题考查"免抵退"的计算。

选项C当选，退税额的计算过程如下：

（1）剔税：当期不得免征和抵扣税额=（出口离岸价−免税购进原材料价格）×（出口货物

适用税率–出口退税率）=（200–100）×（13%–10%）=3（万元）。

（2）抵税：当期应纳税额=内销销项税额–进项税额–（第1步中计算的剔税额）–上期留抵税额=400×13%–（66–3）=–11（万元），即期末留抵税额为11万元。

（3）算尺度：当期免抵退税额=（出口离岸价–免税购进原材料价格）×退税率=（200–100）×10%=10（万元）。

（4）比较：当期期末留抵税额＞当期免抵退税额时，当期应退税额=当期免抵退税额10万元，当期免抵税额为0，期末留抵税额结转下期抵扣的金额为1万元。

选项A不当选，误计算为期末结转下期留抵的税额1万元。

选项B不当选，在计算"剔税、算尺度"两步骤金额时，未将免税购进原材料价格从出口离岸价中扣除。

选项D不当选，直接用出口离岸价乘退税率得出。

19 斯尔解析▶　D　本题考查小规模纳税人税收优惠规定。

选项D当选，适用增值税差额征税政策的小规模纳税人，以差额后的金额确定销售额，从而判断是否可以享受上述规定的免征增值税政策。

选项A不当选，固定资产可能包括不动产和有形动产，小规模纳税人销售的如果是不动产按照5%的征收率计算增值税，销售的是有形动产，2023年1月1日后应减按1%征收。

选项B不当选，小规模纳税人适用3%征收率的应税销售收入，减按1%征收率征收，并不是针对所有的应税行为均按1%征收率征收。

选项C不当选，小规模纳税人合计月销售额未超过10万元（以1个季度为1个纳税期的，季度销售额未超过30万元）的，所有项目均可免征增值税。

20 斯尔解析▶　A　本题考查增值税的税收优惠。

选项A当选，纳税人提供技术转让、技术开发和与之相关的技术咨询、技术服务，免征增值税。

选项B不当选，家禽、牲畜、水生动物的配种和疾病防治，免征增值税；而动物诊疗机构销售动物食品和用品，提供动物清洁、美容、代理看护等服务，应按规定缴纳增值税。

选项C不当选，保险公司开办的一年期以上人身保险产品取得的保费收入，免征增值税；而提供的半年期人身保险服务，没有免征规定。

选项D不当选，一般纳税人提供非学历教育服务、教育辅助服务，可采用简易计税方法计税，而非免征增值税。

提示：

（1）从事学历教育的学校提供的教育服务，免征增值税。

（2）与软件、技术相关的税收优惠：

①纳税人销售"软件产品"，增值税税率为13%。但一般纳税人销售其"自行开发"生产的软件产品，可享受实际税负超3%的部分即征即退政策。

②纳税人出口"软件产品"，免征增值税，适用只免不退政策。

③纳税人向"境外单位"提供的"完全在境外"消费的"软件服务"，适用零税率。

④纳税人提供技术转让、技术开发和与之相关的技术咨询、技术服务，免征增值税。

21　斯尔解析▶　B　本题考查纳税人虚开增值税专用发票或者善意取得虚开的增值税专用发票的处理。

选项B当选，对于善意取得虚开增值税专用发票的，不加征滞纳金，且不以偷税或骗税论处。

选项AD不当选，开票方未就其虚开金额申报并缴纳增值税的，应按照虚开金额补缴增值税；已就其虚开金额申报并缴纳增值税的，不再按照其虚开金额补缴增值税。不论何种情形下，对于虚开增值税专用发票的行为，均应按照相关规定给予处罚。

选项C不当选，对于善意取得虚开增值税专用发票的受票方，如能重新取得合法有效的专用发票，允许抵扣进项税额；不能重新取得合法有效的专用发票，不准其抵扣进项税额或者追缴其已抵扣的进项税额。

二、多项选择题

22　斯尔解析▶　AB　本题考查增值税征税范围的具体规定。

选项A当选，纳税人将建筑施工设备出租给他人使用并配备操作人员的，按照"建筑服务"缴纳增值税；如不配备操作人员，应按照"租赁服务"缴纳增值税。

选项B当选，固定电话、有线电视、宽带、水、电、燃气、暖气等经营者向用户收取的安装费、初装费、开户费、扩容费以及类似收费，属于"建筑服务——安装服务"。

选项C不当选，工程勘察勘探服务属于"现代服务——研发和技术服务"。

选项D不当选，仓储服务属于"现代服务——物流辅助服务"。

23　斯尔解析▶　BD　本题考查增值税征税范围的具体规定。

选项B当选，道路通行服务属于"现代服务——租赁服务"。

选项D当选，纳税人采取填埋、焚烧等方式进行专业化处理，产生的货物归受托方所有，属于"现代服务——专业技术服务"。

选项A不当选，注册会计师考试培训服务属于"生活服务——教育医疗服务"。

选项C不当选，逾期票证收入，按照"交通运输服务"缴纳增值税。

提示：航空运输企业为客户办理退票而收取的退票手续费，应按"其他现代服务"缴纳增值税。

24　斯尔解析▶　AC　本题考查特殊项目增值税的征免规定。

选项A当选，纳税人取得的财政补贴，与销售数量或收入直接挂钩的，应计算缴纳增值税；其他情形的财政补贴收入，不征收增值税。

选项C当选，一般包装物押金及啤酒、黄酒包装物押金，在收到时不用计算纳税，逾期时（"合同约定"和"一年"孰早）需要并入销售额中征税；而除啤酒、黄酒外其他酒类的包装物押金，收到时即做销售处理，即使未逾期也需要计算缴纳增值税。

选项B不当选，存款利息不征收增值税。

选项D不当选，融资性售后回租业务中承租方出售资产的行为，不属于增值税征收范围，不征收增值税。

25　斯尔解析▶　ABD　本题考查增值税的视同销售及特殊项目具体规定。

选项A当选，销售代销货物属于视同销售行为，应征收增值税。

选项B当选，将自产、委托加工的货物用于集体福利或个人消费的，应视同销售，征收增值税。

选项D当选，对经营单位购入拍卖罚没物品再销售的，应照章征收增值税。

选项C不当选，根据国家指令无偿提供的铁路运输服务、航空运输服务，属于用于公益事业的服务，不征收增值税。

26　斯尔解析▶　BCD　本题考查增值税的税率适用。

选项B当选，纳税人现场制作食品并直接销售给消费者，按照"餐饮服务"适用6%税率缴纳增值税。

选项C当选，纳税人通过省级土地行政主管部门设立的交易平台转让补充耕地指标，按照"销售无形资产"缴纳增值税，税率为6%。

选项D当选，增值电信服务适用6%的增值税税率，基础电信服务适用9%的增值税税率。

选项A不当选，转让土地使用权适用9%增值税税率。

27　斯尔解析▶　ABD　本题考查一般纳税人适用简易计税的具体情形。

选项ABD当选，一般纳税人提供公共交通运输服务、文化体育服务，以及从事再生资源回收的纳税人销售其收购的再生资源可以选择适用增值税简易计税方法计税。

选项C不当选，一般纳税人提供旅游服务，可以按照差额确定销售额，但没有适用简易计税方法的规定。

28　斯尔解析▶　AB　本题考查增值税销售额的确定及发票开具。

选项A当选，金银首饰的以旧换新，以销售方实际收取的不含增值税价款（即差额）确定销售额，除此外其他的以旧换新业务，应以新货物的同期销售价格确定销售额。

选项B当选，销售折扣（现金折扣）是融资性质的理财费用，销售折扣金额不能从销售额中减除，即以折扣前的金额确定销售额。

选项C不当选，因销售折让退回的金额应冲减"退回当期"的销售额，而非销售当期的销售额。

选项D不当选，一般纳税人取得的增值税专用发票，即使是小规模纳税人开具的，也可以抵扣进项税额。

29　斯尔解析▶　ACD　本题考查增值税的出口退税政策适用范围。

出口免税并退税包括"免、抵、退"及"免、退"两种情形。

选项ACD当选，均为适用"免、抵、退"税办法的情形。

选项B不当选，适用于"免、退"税办法。

提示：来料加工复出口适用于免税而不退税政策；进料加工复出口适用免抵退税政策。

30　斯尔解析▶　BCD　本题考查异常增值税扣税凭证的管理。

符合下列情形之一的增值税专用发票，列入异常凭证范围：

（1）纳税人丢失、被盗税控专用设备中未开具或已开具未上传的增值税专用发票。（选项A不当选）

（2）非正常户纳税人未申报或未按规定缴税的增值税专用发票。（选项C当选）

（3）稽核比对发现"比对不符""缺联""作废"的增值税专用发票。

（4）经大数据分析发现涉嫌虚开、未按规定缴纳消费税等情形的。（选项BD当选）

（5）属于失联和走逃企业的增值税专用发票。

第三模块　消费税法

一、单项选择题

| 31 | D | 32 | B | 33 | C | 34 | B | 35 | C |
| 36 | C | 37 | D |

二、多项选择题

| 38 | ACD | 39 | ABCD | 40 | ACD | 41 | BD | 42 | CD |
| 43 | AC | 44 | AB |

一、单项选择题

31 〔斯尔解析▶〕 **D** 本题考查消费税的征税范围。

选项D当选，高尔夫球及球具属于消费税征税范围，具体包括高尔夫球、高尔夫球杆、高尔夫球包（袋）。

选项A不当选，电动汽车、车身长度大于7米（含）且座位在10～23座（含）以下的商用客车、沙滩车、雪地车、卡丁车、高尔夫车等均不属于消费税征税范围。

选项B不当选，变压器油、导热类油等绝缘油类产品不属于润滑油，不征收消费税。

选项C不当选，无汞原电池、金属氢化物镍蓄电池、锂原电池、锂离子蓄电池、太阳能电池、燃料电池和全钒液流电池免征消费税。

32 〔斯尔解析▶〕 **B** 本题考查消费税特殊征税环节。

选项B当选，电子烟在批发环节加征一道消费税。电子烟税目中包括电子烟烟弹、烟具以及烟弹和烟具组成的电子烟产品。

选项AC不当选，高档手表、白酒均只在生产、进口、委托加工环节征收消费税。

选项D不当选，超豪华小汽车除了在生产、进口、委托加工环节征收消费税以外，在零售环节加征一道消费税。

33 〔斯尔解析▶〕 **C** 本题综合考查增值税、消费税的征税范围及消费税的纳税环节。

选项C当选，电子烟在生产、进口，以及批发环节征收消费税，故电子烟批发企业销售电子烟给零售商应加征批发环节的消费税。

选项A不当选，轮胎是非应税消费品，不征收消费税。

选项B不当选，大型商用客车是非应税消费品，不征收消费税。小汽车的征税范围包含乘用车、中轻型商用车、超豪华小汽车。

选项D不当选，金银首饰（含金基、银基合金首饰及金、银和金基、银基合金的镶嵌首饰）、铂金首饰、钻石及钻石饰品在零售环节征收消费税。

 **应试攻略**

判断各项经营行为是否征收消费税时，按照如下思路解题：

（1）首先销售物品是否为应税消费品，如不是，可直接排除。

（2）判断该经营行为是否属于应税消费品的征税环节。

---

34 斯尔解析▶ B 本题考查卷烟批发环节消费税的计算。

选项B当选，具体计算过程如下：

（1）卷烟的征税环节为生产、委托加工或进口，以及批发环节。因此零售的20箱卷烟无须纳税。

（2）批发环节卷烟的从价税率为11%，从量税额为0.005元/支（250元/箱）。

综上，该公司6月应缴纳的消费税=200×11%+100×50 000×0.005÷10 000=24.5（万元）。

选项A不当选，未计算卷烟批发环节的从量税。

选项C不当选，误将零售的20箱卷烟按照批发环节税率计征从价税，且未计算卷烟的从量税。

选项D不当选，误将零售的20箱卷烟按照批发环节税率计算消费税税额。

提示：卷烟批发环节的消费税税率要求同学记忆。

35 斯尔解析▶ C 本题考查消费税计税依据的特殊规定。

选项A不当选，纳税人通过自设非独立核算门市部销售自产应税消费品，应当按照门市部对外销售额或者销售数量征收消费税。

选项B不当选，卷烟消费税最低计税价格核定范围为卷烟生产企业在生产环节销售的所有牌号、规格的卷烟；如果白酒生产企业销售给销售单位白酒的消费税计税价格低于销售单位对外销售价格（不含增值税）70%以下的情形需要核定其最低计税价格。

选项D不当选，带料加工的金银首饰，应按受托方销售同类金银首饰的销售价格确定计税依据征收消费税；没有同类金银首饰计税价格的，按照组成计税价格计算纳税（比照委托加工进行税务处理）。

36 斯尔解析▶ C 本题考查委托加工应税消费品的规定。

选项C当选，委托方将收回的应税消费品，以不高于受托方的计税价格出售，为直接出售，不再缴纳消费税；如果以高于受托方计税价格出售的，不属于直接出售，需按照规定申报缴纳消费税，在计税时准予扣除受托方已代收代缴的消费税。

选项A不当选，如果受托方没有按规定代收代缴消费税，则由委托方补缴税款，对受托方处以应收未收税款50%以上3倍以下罚款。

选项B不当选，委托加工的应税消费品的计税依据为受托方同类消费品的销售价格。

选项D不当选，委托加工的应税消费品，是指由委托方提供原材料和主要材料，受托方只收取加工费和代垫部分辅助材料加工的应税消费品，对于受托方提供原材料生产的应税消费品，或者受托方先将原材料卖给委托方，然后再接受加工的应税消费品，以及由受托方以委托方名义购进原材料生产的应税消费品，不论纳税人在财务上是否作销售处理，都不得作为委托加工应税消费品，而应当按照销售自制应税消费品缴纳消费税。

37 〔斯尔解析▶〕　**D**　本题考查外购已纳消费税的扣除。

选项D当选，以外购已税汽油、柴油、石脑油、燃料油、润滑油用于连续生产应税成品油，准予扣除已纳消费税。

选项A不当选，珠宝玉石在生产、进口、委托加工环节纳税，金银镶嵌首饰在零售环节纳税，消费税不能跨环节抵扣。纳税人外购的已税珠宝玉石生产在零售环节征收消费税的金银首饰（镶嵌首饰），不得扣除已纳税款；但外购已税珠宝玉石生产的贵重首饰及珠宝玉石，准予扣除已纳消费税。

选项B不当选，外购已税黄酒生产的黄酒，不能扣除已纳消费税；但从葡萄酒生产企业、进口已税葡萄酒连续生产的葡萄酒，准予扣除已纳消费税。

选项C不当选，外购已税烟丝生产的卷烟，可以扣除已纳消费税税款，但外购已税烟丝生产的雪茄烟，不能扣除已纳消费税。

二、多项选择题

38 〔斯尔解析▶〕　**ACD**　本题考查消费税的税目。

选项ACD当选，铅蓄电池属于"电池"税目，白包卷烟属于烟税目卷烟子税目，人造宝石首饰属于"贵重首饰及珠宝玉石"税目，均属于消费税征税范围。

选项B不当选，变压器油、导热类油等绝缘油类产品不属于润滑油，不征收消费税。

39 〔斯尔解析▶〕　**ABCD**　本题考查消费税的视同销售。

选项ABCD当选，自产应税消费品用于连续生产应税消费品，在移送时不征收消费税；而自产应税消费品用于连续生产非应税消费品，以及用于内部管理部门、集体福利、赠送、广告、分配、抵债，均需要在移送时征收消费税。

40 〔斯尔解析▶〕　**ACD**　本题考查消费税销售额的确定。

消费税的销售额为收取的全部价款和价外费用，价外费用是指向购买方收取的基金、集资费、返还利润（选项D当选）、补贴、违约金、延期付款利息、手续费、包装费、优质费、代收款项、代垫款项以及其他各种性质的价外收费。但同时符合以下条件的代垫运输费用不包括在内（选项B不当选）：

（1）承运部门的运输费用发票开具给购买方的。

（2）将该项发票转交给购买方的。

选项A当选，白酒生产企业向商业企业收取的"品牌使用费"是随着应税白酒的销售而向购货方收取的，属于应税白酒销售价款的组成部分，因此，不论企业采取何种方式或以何种名义收取价款，均应并入白酒的销售额中缴纳消费税。

选项C当选，对销售啤酒、黄酒外的其他酒类产品而收取的包装物押金，无论是否返还以及会计上如何核算，均应当并入当期销售额征税。

41 斯尔解析▶ **BD** 本题综合考查消费税的相关规定。

选项A不当选，卷烟批发环节适用复合计征方式纳税，而电子烟适用从价计征方式纳税。

选项C不当选，通过代加工方式生产电子烟的，由持有商标的企业申报缴纳消费税，受托方不存在代收代缴义务。

42 斯尔解析▶ **CD** 本题考查消费税的出口退税政策。

消费税出口免税并退税政策适用于以下两种情形：

（1）有出口经营权的外贸企业购进应税消费品直接出口。（选项C当选）

（2）外贸企业受其他"外贸企业"委托代理出口应税消费品。（选项D当选）

选项AB不当选，生产企业委托外贸企业代理出口，以及有出口经营权的生产企业自营出口应税消费品，属于出口免税但不退税范围。

提示：外贸企业受"一般商贸企业"委托，代理出口应税消费品是不予退（免）税的。

43 斯尔解析▶ **AC** 本题考查消费税的纳税义务发生时间。

选项B不当选，赊销和分期收款方式销售应税消费品，纳税义务发生时间为书面合同规定的收款日。

选项D不当选，进口应税消费品，其纳税义务发生时间为报关进口的当天。

44 斯尔解析▶ **AB** 本题考查消费税纳税地点。

选项A当选，委托个人（包括个体工商户和其他个人）加工的应税消费品，由"委托方"收回后，向委托方机构所在地或居住地主管税务机关申报纳税；除委托个人加工外，由"受托方"向机构所在地或者居住地的主管税务机关解缴消费税税款。

选项B当选，进口的应税消费品，由进口人或者其代理人向报关地海关申报纳税。

选项C不当选，纳税人到外县（市）销售或者委托外县（市）代销自产应税消费品的，于应税消费品销售后，向纳税人机构所在地或者居住地主管税务机关申报纳税。

选项D不当选，消费税纳税人总分支机构不在同一县（市），但在同一省（自治区、直辖市）范围内，经省级税务局审批同意，可以由总机构汇总向总机构所在地主管税务机关申报缴纳消费税。

第四模块　其他小税种

一、单项选择题

45	C	46	A	47	B	48	C	49	D
50	C	51	B	52	D	53	B	54	C
55	A	56	B	57	B	58	B	59	C
60	B	61	B	62	C	63	B	64	B
65	C	66	D	67	A	68	B	69	D

二、多项选择题

70	ABC	71	BD	72	BD	73	AD	74	BD
75	BC	76	AD	77	ABC	78	ABC	79	ABD
80	AD	81	ACD	82	BCD	83	BD	84	AC
85	ABC								

一、单项选择题

45　斯尔解析▶　**C**　本题考查城市维护建设税的计税依据。

选项C当选，城市维护建设税的计税依据应当按照规定扣除留抵退税款。

选项A不当选，先征后返、即征即退等办法退还的增值税，不退还已缴纳的城市维护建设税。

选项B不当选，出口产品退还增值税、消费税的，不退还已缴纳的城市维护建设税。

选项D不当选，纳税人违反增值税、消费税有关规定而加收的滞纳金和罚款，是税务机关对纳税人违法行为的经济制裁，不作为城市维护建设税的计税依据。

提示：城市维护建设税的计税依据把握"出口不退、进口不征；留抵可扣、减免不征"的原则。

46 (斯尔解析▶) **A** 本题考查城市维护建设税的计算。

选项A当选，具体计算过程如下：

（1）确定计税依据：

①城市维护建设税的计税依据为纳税人实际缴纳的增值税、消费税税额，但进口环节海关代征的增值税、消费税不征收城市维护建设税，因此进口环节缴纳的增值税50万元不计入计税依据。

②受托方代收代缴的消费税，应由受托方在受托方所在地，按照受托方所在地的适用税率同时代收代缴城市维护建设税，所以乙企业代收代缴的消费税30万元无须计入计税依据。

（2）确定税率：甲企业位于县城，城市维护建设税税率为5%。

综上，甲企业本月应向所在县城税务机关缴纳的城市维护建设税=（350-50+530-30）×5%=40（万元）。

选项B不当选，未考虑到代收代缴的消费税，应由受托方在受托方所在地缴纳。

选项C不当选，未考虑到进口环节缴纳的增值税不作为征收城市维护建设税的依据。

选项D不当选，既未考虑到进口不征，又未考虑到代收代缴消费税在受托方所在地缴纳。

47 (斯尔解析▶) **B** 本题考查城市维护建设税的计算。

选项B当选，具体计算过程如下：

（1）确定计税依据：

①城市维护建设税的计税依据为纳税人实际缴纳的增值税、消费税税额，即600 000元。

②出口业务的增值税免抵税额，在核准免抵税额的下一个申报期，计入城市维护建设税计税依据，故计税依据中应包含免抵税额5 000元。

③留抵退税退还的增值税，允许从收到退税的下一个申报期的计税依据中扣除。故计税依据中应扣减45 000元。

（2）确定税率：企业位于市区，城市维护建设税税率为7%。

综上，该企业当月应缴纳的城市维护建设税=（600 000-45 000+5 000）×7%=43 400（元）。

选项A不当选，未考虑免抵税额。

选项C不当选，未考虑留抵退税。

选项D不当选，未考虑免抵税额和留抵退税。

48 (斯尔解析▶) **C** 本题考查烟叶税的相关规定。

选项C当选，收购烟叶的价外补贴统一按照烟叶收购价款的10%计算，故应纳烟叶税额=200×500÷10 000×（1+10%）×20%=2.2（万元）。

选项A不当选，烟叶税的纳税义务发生时间为收购烟叶的当日，即5月9日。

选项B不当选，烟叶应在收购地申报纳税，而不是纳税人机构所在地纳税。同时，烟叶税不存在代扣代缴、代收代缴的规定。

选项D不当选，纳税人应当自纳税义务发生月终了之日起15日内申报纳税。

49 斯尔解析▶ D　本题考查关税税率的适用。

选项D当选，最惠国税率适用于原产于与我国共同适用最惠国待遇条款的世界贸易组织成员的进口货物，或原产于我国签订有相互给予最惠国待遇条款的双边贸易协定的国家或地区进口的货物，以及原产于我国境内的进口货物。

50 斯尔解析▶ C　本题考查进口关税的税率种类和适用规则。

选项C当选，按照普通税率征税的进口货物，不适用于暂定税率。

选项A不当选，原产于我国的货物适用最惠国税率。

选项B不当选，暂定税率优先适用于最惠国税率，所以适用最惠国税率的进口货物有暂定税率的，适用暂定税率。

选项D不当选，适用协定税率、特惠税率的进口货物有暂定税率的，应当从低适用税率。

51 斯尔解析▶ B　本题考查关税税率的适用。

选项B当选，到达前先行申报的或超期未申报而被依法变卖的，均应适用装载该货物运输工具申报进境之日的税率。

52 斯尔解析▶ D　本题考查关税的税额计算。

选项D当选，具体计算过程如下：

（1）进口货物的关税完税价格包括货物的货价、货物运抵我国境内输入地点起卸前的运输及其相关费用、保险费。

（2）关税完税价格应包括由买方负担的除购货佣金以外的佣金和经纪费，所以中介经纪费3万元应包含在完税价格中。

（3）关税完税价格不包括设备进口后发生的建设、安装、装配等费用，所以进口后的设备安装费8万元不应包含在关税完税价格中。

（4）运输及其相关费用无法确定时，按照同类货物进口同期的正常运输成本审查确定。

综上，关税完税价格=174+3+0.6+25=202.6（万元），应缴纳的关税=202.6×20%=40.52（万元）。

选项A不当选，误将进口后的设备装配费计入关税完税价格，且未包含海关审查核定的运费。

选项B不当选，关税完税价格未包含中介经纪费。

选项C不当选，关税完税价格未包含保险费。

53 斯尔解析▶ B　本题考查关税征收管理。

选项B当选，海关多征的税款，海关发现后应当立即退还；纳税人发现多缴税款的，可以自缴纳税款之日起1年内要求退还，加算银行同期活期存款利息。

54 斯尔解析▶ C　本题综合考查船舶吨税的相关规定。

选项C当选，拖船和非机动驳船分别按相同净吨位船舶税额的50%计征税款。

选项A不当选，纳税人可选择的吨税执照期限有三档，分别是30日、90日及1年。

选项B不当选，相同净吨位的船舶，吨税执照期限越长，适用的单位税额越高。

选项D不当选，避难、防疫隔离、修理、改造、终止运营或者拆解，并"不上下"客货的船舶，免征船舶吨税。

55 斯尔解析▶ A 本题考查船舶吨税的税收优惠。

选项A当选，捕捞、养殖渔船属于免征船舶吨税的项目。

选项BC不当选，非机动驳船和拖船分别按相应净吨位船舶税额的50%计征税款，需要注意的是，非机动船舶免税，但是非机动驳船则需要征收船舶吨税。

选项D不当选，吨税执照期满后24小时内"不上下"客货的船舶免征船舶吨税；而如果上下客货，则需要征税。

56 斯尔解析▶ B 本题综合考查车船税的相关规定。

选项A不当选，游艇按照"艇身长度每米"作为计税单位。

选项C不当选，货车包括半挂牵引车、挂车、客货两用汽车、三轮汽车和低速载货汽车，不包括拖拉机。

选项D不当选，商用货车按"整备质量每吨"作为计税单位。

57 斯尔解析▶ B 本题考查被盗抢和失而复得情形下车船税的计算。

选项B当选，具体计算过程如下：

（1）购置的新车船，购置当年的车船税自纳税义务发生的"当月"起按月计算。

（2）在一个纳税年度内，已完税的车船被盗抢、报废、灭失的，纳税人可以凭有关管理机关出具的证明和完税凭证，向纳税所在地的主管税务机关申请退还自被盗抢、报废、灭失月份起至该纳税年度终了期间的税款；已办理退税的被盗抢车船，失而复得的，纳税人应当从公安机关出具相关证明的当月起计算缴纳车船税。9月被盗，11月找回，其中1辆车当年实际缴纳车船税的期间为1~8月和11~12月，一共10个月。

综上，该企业当年应缴的车船税总计=4×480+480÷12×10=2 320（元）。

选项A不当选，仅计算4辆客车的车船税。

选项C不当选，误计算5辆客车全年的车船税。

选项D不当选，被盗而后失而复得的车辆误计算9个月的车船税。

58 斯尔解析▶ B 本题考查车船税的税收优惠。

选项B当选，燃料电池商用车属于新能源车船，免征车船税。

选项A不当选，纯电动乘用车、燃料电池乘用车不属于车船税的征税范围，不征收车船税。

选项C不当选，半挂牵引车按货车税目征收车船税。

选项D不当选，混凝土搅拌运输车属于轮式专用机械车，照常征税。

59 斯尔解析▶ C 本题考查车辆购置税的征税范围。

选项ABD不当选，车辆购置税的征税范围包括汽车、有轨电车、汽车挂车和排量超过150ml的摩托车；不包括地铁、轻轨等城市轨道交通车辆，装载机、平地机、挖掘机、推土机等轮式专用机械车，以及起重机（吊车）、叉车、电动摩托车。

60 斯尔解析▶ B 本题考查车辆购置税的纳税人。

选项B当选，车辆购置税的纳税人是指在我国境内"购置"应税车辆的单位和个人，其中购置是指以购买、进口、自产、受赠、获奖或者其他方式取得并自用应税车辆的行为。

选项ACD不当选，所述均为"移送人"，不属于车辆购置税纳税义务人。

提示：车辆购置税的应税行为实际上是以各种形式或渠道取得应税车辆并自用的行为，两个重要标志是"取得"并"自用"。

61　斯尔解析▶　B　本题考查车辆购置税的计算。

选项B当选，具体计算过程如下：

（1）自产自用应税车辆的计税价格，按照纳税人生产的同类应税车辆的销售价格确定（不含增值税），自产自用1辆小汽车应缴纳车辆购置税=20×10%=2（万元）。

（2）以受赠、获奖或者其他方式取得自用应税车辆的计税价格，按照购置应税车辆时相关凭证载明的价格确定（不含增值税），故接受股东捐赠的小货车应缴纳车辆购置税=10×10%×2=2（万元）。

综上，甲汽车生产企业当月应缴纳车辆购置税=2+2=4（万元）。

62　斯尔解析▶　C　本题考查印花税的征税范围和纳税人。

选项C当选，在境外书立而在境内使用应税凭证的单位和个人，应按规定缴纳印花税。

选项A不当选，按买卖合同或者产权转移书据税目缴纳印花税的拍卖成交确认书纳税人，为拍卖标的的产权人和买受人，不包括拍卖人。

选项B不当选，个人书立的动产买卖合同不征印花税。

选项D不当选，银行同业拆借合同不征印花税。

63　斯尔解析▶　B　本题考查印花税的征税范围。

选项B当选，融资租赁合同应征收印花税。

选项A不当选，电网与用户之间签订的供用电合同不属于印花税列举征税的凭证，不征收印花税；发电厂与电网之间、电网与电网之间签订的购售电合同，征收印花税。

选项C不当选，应征印花税的财产保险合同包括财产、责任、保证、信用保险合同，不包括再保险、人身保险合同。

选项D不当选，一般的法律、会计、审计等方面的咨询不属于技术咨询，其所立合同不征收印花税。

64　斯尔解析▶　B　本题考查印花税计税依据的规定。

选项A不当选，财产保险合同的计税依据为支付（收取）的保险费金额，不包括所保财产的金额。

选项C不当选，运输合同以运费为计税依据，不包含所运货物的金额及装卸费。

选项D不当选，借款合同以借款本金为计税依据，不包含借款利息。

65　斯尔解析▶　C　本题考查资源税的征税范围和税收优惠。

选项C当选，二氧化碳气属于水气矿产，开采并出售应当征收资源税。

选项A不当选，资源税对在中国领域及管辖的其他海域开发应税资源的单位和个人征收，进口资源不缴纳资源税。

选项B不当选，煤炭企业以自采的原煤用于连续生产加工洗选煤，在移送环节不缴纳资源税。

选项D不当选，煤炭开采企业因安全生产需要抽采的煤层气，免征资源税。

66　斯尔解析▶　D　本题考查资源税的税收优惠。

选项A不当选，从衰竭期矿山开采的矿产品，资源税减征30%。

选项B不当选，开采共伴生矿、低品位矿和尾矿由省、自治区、直辖市人民政府决定减征或免征。

选项C不当选，高含硫天然气、三次采油和从深水油气田开采的原油、天然气，资源税减征30%。

67　斯尔解析▶　A　本题考查色度水污染物环境保护税的计算。

选项A当选，色度污染当量数=排放量×色度超标倍数÷污染当量值=200×10÷5=400

应纳环境保护税=400×2=800（元）

68　斯尔解析▶　B　本题考查环境保护税的税收优惠和征收管理。

选项B当选，环境保护税收入，属于地方政府固定收入。

选项A不当选，纳税人排放应税大气污染物或者水污染物的浓度值低于国家和地方规定的污染物排放标准30%的，减按75%征收环境保护税；低于国家和地方规定的污染物排放标准50%的，减按50%征收环境保护税。

选项C不当选，环境保护税采用定额税率，其中，对应税大气污染物和水污染物规定了幅度定额税率。

选项D不当选，环境保护税纳税地点为应税污染物的排放地。

69　斯尔解析▶　D　本题考查环境保护税的征税范围。

选项D当选，企业达标排放的应税污染物（冶炼渣属于应税固体废物），应照常征收环境保护税。

选项A不当选，机动车、铁路机车、非道路移动机械、船舶和航空器等流动污染源排放应税污染物的，暂免征收资源税。

选项B不当选，建筑施工噪声、交通噪声属于生活噪声，不在环境保护税的征税范围内；目前环境保护税中的噪声仅指"工业噪声"。

选项C不当选，企业事业单位和其他生产经营者向依法设立的污水集中处理、生活垃圾集中处理场所排放应税污染物的，不属于直接向环境排放，不征收环境保护税。

提示：环境保护税征税范围包括应税大气污染物、水污染物、固体废物和噪声。

二、多项选择题

70　斯尔解析▶　ABC　本题考查特殊情形下城市维护建设税的纳税义务。

选项A当选，纳税人被稽查查补的增值税、消费税应计入城市维护建设税的计税依据。

选项B当选，受托加工应税消费品代收代缴消费税时，也应扣缴城市维护建设税。

选项C当选，需要异地预缴增值税的，预缴时，以预缴的增值税额为计税依据，按预缴地的城市维护建设税适用税率缴纳。

选项D不当选，对进口货物或者境外单位和个人向境内销售劳务、服务、无形资产缴纳的增值税、消费税税额，不征收城市维护建设税。

71　斯尔解析▶　BD　本题考查关税完税价格的确定。

不计入关税完税价格的调整项目包括：

（1）厂房、机械或者设备等货物进口后发生的建设、安装、装配、维修或者技术援助费

用，但保修费用除外。（选项B当选、选项C不当选）

（2）进口货物运抵我国境内输入地点起卸后发生的运输及其相关费用、保险费。

（3）进口关税、进口环节海关代征税及其他国内税。

（4）为在境内复制进口货物而支付的费用。

（5）境内外技术培训及境外考察费用。（选项A不当选）

（6）符合条件的为进口货物而融资所产生的利息费用。

选项D当选，由买方负担的包装材料和包装劳务费用，应计入关税完税价格。

72　斯尔解析▶　BD　本题考查跨境电子商务零售进口税收政策。

选项B当选、选项C不当选，在限额内进口的跨境电子商务零售进口商品，关税税率暂设为0%；进口环节增值税、消费税暂按法定税率的70%征收。

选项A不当选，跨境电子商务零售进口商品单次交易限值为人民币5 000元；年度交易限值为人民币26 000元。

73　斯尔解析▶　AD　本题考查关税的税收优惠。

选项A当选，关税税额在人民币50元以下的一票货物，免征关税。

选项D当选，进出境运输工具装载的途中必需的燃料、物料和饮食用品，免征关税。

选项B不当选，在放行前遭受"损坏"的货物，可以根据受损程度减征关税；而在海关放行前"损失"的货物，免征关税。

选项C不当选，"无商业价值"的广告品和货样，免征关税。

74　斯尔解析▶　BD　本题考查关税征收管理。

选项A不当选，暂时免税进境的货物需要向海关缴纳相当于应纳税款的保证金或者提供其他担保后，才可以暂不缴纳关税，应在6个月之内复运出境。

选项C不当选，海关发现少征或漏征税款，应当自"缴纳税款或者货物、物品放行之日"起1年内，补征税款，并不是自发现少征税款之日起。

提示：关税的补征无须加收滞纳金，但关税的追征需要加收滞纳金。

75　斯尔解析▶　BC　本题考查车船税的税收优惠。

选项B当选，军队、武装警察部队专用车船、警用车船，免征车船税。

选项C当选，悬挂应急救援专用号牌的国家综合性消防救援车辆和国家综合性消防救援专用船舶，免征车船税。

选项A不当选，辅助动力帆艇属于游艇，需要照常缴纳车船税。

选项D不当选，客货两用汽车属于货车，需要照常缴纳车船税。

76　斯尔解析▶　AD　本题考查车辆购置税的计税依据。

选项B不当选，自产自用的应税车辆，按照纳税人生产的同类应税车辆的不含增值税销售价格作为计税依据。

选项C不当选，受赠自用应税车辆，按照购置应税车辆时相关凭证载明的价格确定计税依据，不包括增值税税款。

77　斯尔解析▶　ABC　本题考查车辆购置税的税收优惠。

选项A当选，设有固定装置的非运输专用作业车辆免征车辆购置税。

选项B当选，城市公交企业购置的公共汽电车辆免征车辆购置税，包括公共汽车、无轨电车和有轨电车。

选项C当选，购置的新能源汽车免征车辆购置税，新能源汽车是指纯电动汽车、插电式混合动力（含增程式）汽车、燃料电池汽车。

选项D不当选，回国服务的在外留学人员用现汇购买1辆个人自用"国产"小汽车免征车辆购置税，购买进口小汽车应照常缴纳。

78 斯尔解析▶ **ABC** 本题考查印花税的税目。

选项A当选，商品房销售合同按照"产权转移书据"缴纳印花税，不是按照"买卖合同"缴纳。

选项BC当选，产权转移书据包括土地使用权出让书据，土地使用权、房屋等建筑物和构筑物所有权转让书据，股权转让书据，商标专用权、著作权、专利权、专有技术使用权的转让书据。

选项D不当选，不属于产权转移书据，应属于"技术合同"。

79 斯尔解析▶ **ABD** 本题考查印花税的税收优惠。

选项A当选，无息、贴息贷款合同，免征印花税。

选项B当选，军事物资运费结算凭证，免征印花税。

选项D当选，农民、家庭农场、农民专业合作社、农村集体经济组织、村民委员会购买农业生产资料或者销售农产品书立的买卖合同和农业保险合同，免征印花税。

选项C不当选，自2023年1月1日至2027年12月31日，对增值税小规模纳税人、小型微利企业和个体工商户减半征收印花税（不含证券交易印花税）。

80 斯尔解析▶ **AD** 本题考查资源税的征税范围。

选项AD当选，资源税的征税对象包含能源矿产、金属矿产、非金属矿产、水气矿产和盐。地热属于"能源矿产"税目，海盐属于"盐"税目。

选项BC不当选，森林、草场不在资源税的征税范围中。

81 斯尔解析▶ **ACD** 本题考查能源矿产的范围。

选项B不当选，天然油石属于非金属矿产。

82 斯尔解析▶ **BCD** 本题考查环境保护税的征税范围。

选项BD当选，二氧化硫、氮氧化物属于大气污染物，属于环境保护税的征收范围。

选项C当选，煤矸石属于固体废物，属于环境保护税的征收范围。

选项A不当选，环境保护税税目中的应税噪声只包括工业噪声，不包括建筑噪声和交通噪声。

83 斯尔解析▶ **BD** 本题考查环境保护税的计税依据。

选项B当选，应税固体废物的计税依据为排放量，固体废物的排放量=当期固体废物的产生量−当期固体废物的综合利用量−当期固体废物的贮存量−当期固体废物的处置量。

选项D当选、选项C不当选，应税大气污染物、应税水污染物的计税依据为污染物排放量折合的污染当量数。

选项A不当选，应税噪声的计税依据为超标分贝数。

提示：

（1）在应税污染物确定计税依据时只对超过规定标准的部分征收环境保护税的是"应税噪声"。

（2）在应税污染物确定计税依据时，以污染当量数为计税依据的是"大气污染物"和"水污染物"。

84　斯尔解析▶　AC　本题考查环境保护税的税收优惠。

选项A当选，机动车、铁路机车、非道路移动机械、船舶和航空器等流动污染源排放应税污染物，免征环境保护税。

选项C当选，城乡污水集中处理、生活垃圾集中处理场所排放相应应税污染物，不超过国家和地方排放标准的，免征环境保护税。

选项B不当选，医疗机构排放的应税污染物，应照常征收环境保护税。

选项D不当选，农业生产排放应税污染物，免征环境保护税；但不包括规模化养殖场所排放的应税污染物。

85　斯尔解析▶　ABC　本题考查海洋工程环境保护税的征管。

选项D不当选，排放的钻井泥浆和钻屑，应按照其中石油类、总镉、总汞的污染物排放量折合的污染当量数计征。

第五模块　房地产相关税种

一、单项选择题

86	A	87	B	88	D	89	A	90	A

91	C	92	B	93	D	94	D	95	C

96	D

二、多项选择题

97	ABD	98	ACD	99	BCD	100	ACD	101	ABCD

102	AC

一、单项选择题

86 斯尔解析▶ **A** 本题考查耕地占用税的税收优惠。

选项A当选，铁路线路、公路线路、飞机场跑道、停机坪、港口、航道、水利工程占用耕地，减按每平方米2元的税额征收耕地占用税。

选项BCD不当选，学校、幼儿园、社会福利机构、医疗机构占用耕地，免征耕地占用税。免税的学校，具体范围包括县级以上人民政府教育行政部门批准成立的大学、中学、小学、学历性职业教育学校和特殊教育学校，以及由国务院人力资源社会保障行政部门和省级人民政府或其人力资源社会保障行政部门批准成立的技工院校。免税的社会福利机构，限于依法登记的养老服务机构、残疾人服务机构、儿童福利机构及救助管理机构、未成年人救助保护机构内专门为老年人、残疾人、未成年人及流浪乞讨人员提供养护、康复、托管等服务的占地场所。

87 斯尔解析▶ **B** 本题考查耕地占用税的计算。

选项B当选，具体计算过程如下：

（1）占用耕地建设建筑物、构筑物或从事"非农业生产"需要缴纳耕地占用税，占用耕地建设鱼塘用于人工养殖以及配套的直接为农业生产服务的水池加热设备属于农业生产，不缴纳耕地占用税，故刘某占用的普通耕地1 000平方米中，只有400平方米需缴纳耕地占用税。

（2）农村居民在规定用地标准以内占用耕地新建自用住宅，按照当地适用税额减半征收耕地占用税；其中农村居民经批准搬迁，新建自用住宅占用耕地不超过原宅基地面积的部分，免征耕地占用税，故刘某占用普通耕地200平方米无须缴纳耕地占用税，50平方米减半征收耕地占用税。

（3）耕地占用税以纳税人实际占用的应税土地面积为计税依据，按应税土地当地适用税额计税，实行一次性征收，故题干的月份是干扰信息。

（4）2023年1月1日至2027年12月31日，对增值税小规模纳税人、小型微利企业、个体工商户减半征收"六税两费"（其中包括城建税、教育费附加、地方教育附加）。

综上，刘某当年应缴纳耕地占用税=（400×8+50×8×50%）×50%=1 700（元）。

选项A不当选，误认为经批准搬迁新建住宅，全额免税。

选项C不当选，在计算新建住宅应缴纳的耕地占用税时，误将全部占地面积适用了减半征收的政策；或者误将配套鱼塘水池加热设备占地，纳入耕地占用税的征税范围。

选项D不当选，在计算新建住宅应缴纳的耕地占用税时，未考虑税收优惠。

88 斯尔解析▶ **D** 本题考查城镇土地使用税的税收优惠。

选项D当选，宗教寺庙、公园、名胜古迹自用的土地，免征城镇土地使用税，但附设的影剧院、茶社、饮食部、照相馆等经营用地不免税。

选项A不当选，对盐场的盐滩、盐矿的矿井用地，暂免征收城镇土地使用税。

选项B不当选，直接用于农、林、牧、渔业的生产用地，免征城镇土地使用税，但农副产品加工场地和生活办公用地应照常征税。

选项C不当选，军队自用的土地免征城镇土地使用税。

89 斯尔解析▶ **A** 本题考查城镇土地使用税的计算。

选项A当选，具体计算过程如下：

（1）企业办的学校、托儿所、幼儿园，自用的房产、土地，免征城镇土地使用税，故托儿所占地1 000平方米不作为计税依据。

（2）对企业厂区以外的公共绿化用地和向社会开放的公园用地，暂免征收城镇土地使用税，故200平方米不作为计税依据。

（3）2023年6月购入的办公楼自购入次月起缴纳城镇土地使用税，故当年仅需缴纳6个月。

综上，2023年应缴纳的城镇土地使用税额=（25 000-1 000-200）×6+2 000×6×6÷12=148 800（元）。

选项B不当选，未考虑厂区外公共绿化用地免征城镇土地使用税的优惠政策。

选项C不当选，未考虑托儿所占地和厂区外公共绿化用地免征城镇土地使用税的优惠政策。

选项D不当选，未考虑6月份购置厂房占地的纳税义务发生时间。

90 斯尔解析▶ **A** 本题考查房产原值的确定以及房产税的计算。

选项A当选，具体计算过程如下：

（1）露天泳池不属于房产税的征税对象，支出的500万元无须缴纳房产税。

（2）纳税人对原有房屋进行改建、扩建的，要相应增加房屋的原值，故支出500万元新增中央空调系统需要缴纳房产税。

（3）对更换房屋附属设备和配套设施的，在将其价值计入房产原值时，可扣减原来相应设备和设施的价值，因此支付500万元安装智能照明系统、扣减拆除200万元的照明设施的价值后，以300万元计入房产原值。

综上，2023年该会所应缴纳房产税=（5 000+500+500-200）×（1-30%）×1.2%=148.72（万元）。

选项B不当选，计税依据中未扣除200万元的照明设施。

选项C不当选，未考虑到露天泳池不需要缴纳房产税。

选项D不当选，计税依据用的是房产原值，而不是房产余值。

91 斯尔解析▶ C 本题考查房产税的分段计算。

选项C当选，具体计算过程如下：

（1）纳税人出租、出借房产，自交付出租、出借之次月起纳税。故该公司1～3月份全部房产均从价计征，4～12月份，出租房产从租计征，自用房产从价计征。

（2）1～3月份，自用房产应缴纳的房产税=30 000×（1-20%）×1.2%×3÷12=72（万元）。

（3）4～12月份，自用房产应缴纳的房产税=（30 000-6 000）×（1-20%）×1.2%×9÷12=172.8（万元）。

出租房产应缴纳的房产税=800×9÷12×12%=72（万元）

综上，该公司2023年应缴纳的房产税=72+172.8+72=316.8（万元）。

选项A不当选，误将出租房产的纳税义务发生时间判断为交付出租房产的当月。

选项B不当选，在计算从租计征的房产税时，未按月换算，误按全年租金计算房产税。

选项D不当选，在计算4～12月份自用房产应缴纳的房产税时，计税依据中未扣除出租房产原值。

92 斯尔解析▶ B 本题考查房产税纳税义务发生时间。

选项A不当选，纳税人购置存量房的，自权属登记机关签发房屋权属登记证书之次月起缴纳房产税。

选项C不当选，纳税人将原有房产用于生产经营，自生产经营之月起缴纳房产税。

选项D不当选，纳税人购置新建商品房的，从房屋交付使用之次月起缴纳房产税。

93 斯尔解析▶ D 本题考查契税的征税范围和税收优惠。

选项A不当选，公租房经营单位购买住房作为公租房的，免征契税。

选项B不当选，个人以自有房产作股投入本人独资经营的企业，因未发生权属变化，不需办理房产变更手续，不缴纳契税。

选项C不当选，等价交换房屋、土地权属的，无须缴纳契税。

94 斯尔解析▶ D 本题考查契税的计税依据、税收优惠。

选项D当选，对个人购买90平方米以上且属于家庭唯一住房的普通住房，减按1.5%的税率征收契税。

选项A不当选，非营利性的学校、医疗机构、社会福利机构承受土地、房屋权属用于办公、教学、医疗、科研、养老、救助，免征契税；但是营利性学校应照章征收契税。

选项B不当选，承受荒山、荒沟、荒丘、荒滩土地使用权，并用于农、林、牧、渔业生产的，免征契税。

选项C不当选，土地使用权互换、房屋互换，互换价格相等的，计税依据为零；互换价格不等的，以互换的土地使用权、房屋的价格的差额为计税依据，由支付差额的一方缴纳契税。

95 (斯尔解析▶) **C** 本题考查土地增值税应税收入的确定。

选项C当选，具体计算过程如下：

（1）用于抵顶建筑供应商等值的建筑材料的5 000平方米应视同销售确认收入。

（2）对外出租的1 000平方米，权属未发生转移，不征收土地增值税，不需要确认应税收入。

综上，该房地产开发公司在计算土地增值税时的应税收入=60 000÷30 000×（30 000+5 000）=70 000（万元）。

选项A不当选，没有将5 000平方米视同销售确认收入。

选项B不当选，没有将5 000平方米视同销售确认收入，且将对外出租的1 000平方米收取的租金56万元确认为应税收入。

选项D不当选，将对外出租的1 000平方米收取的租金56万元也确认为应税收入。

96 (斯尔解析▶) **D** 本题考查土地增值税的征税范围。

选项D当选，企业之间互换闲置厂房，既发生了房屋所有权的转移，交换双方又取得了实物形态的收入，属于土地增值税的征税范围。

选项A不当选，房地产的继承不属于土地增值税征收范围。

选项B不当选，个人之间互换自有居住用房地产，经税务机关核实的，免征土地增值税。

选项C不当选，合作建房，建成后转让的，应征收土地增值税；建成后按比例分房自用的，暂免征收土地增值税。

二、多项选择题

97 (斯尔解析▶) **ABD** 本题考查耕地占用税的税收优惠。

选项D当选，铁路线路、公路线路、飞机场跑道、停机坪、港口、航道、水利工程占用耕地，减按每平方米2元的税额征收耕地占用税。

选项A当选，减税的铁路线路，具体范围限于铁路路基、桥梁、涵洞、隧道及其按照规定两侧留地、防火隔离带。专用铁路和铁路专用线占用耕地的，按照当地适用税额缴纳耕地占用税。

选项B当选，减税的公路线路，具体范围限于经批准建设的国道、省道、县道、乡道和属于农村公路的村道的主体工程以及两侧边沟或者截水沟。专用公路和城区内机动车道占用耕地的，按照当地适用税额缴纳耕地占用税。

选项C不当选，军事设施占用耕地，免征耕地占用税。

98 (斯尔解析▶) **ACD** 本题考查城镇土地使用税的税率和税收优惠。

选项A当选，城镇土地使用税税额定为幅度税额，拉开档次，而且每个幅度税额的差距规定为20倍。

选项C当选，经济落后地区，城镇土地使用税的适用税额标准可适当降低，但降低额不得超过上述规定最低税额的30%；经济发达地区的适用税额标准可以适当提高，但须报财政部批准。

选项D当选，对单独建造的地下建筑用地暂按应征税款的50%征收城镇土地使用税。

选项B不当选，经批准开山填海整治的土地和改造的废弃土地，从使用的月份起免征城镇土地使用税5～10年。

提示：耕地占用税也是采用地区差别定额税率，人均耕地特别少（低于0.5亩）的地区，省、自治区、直辖市政府可以适当提高适用税额，但提高的部分不得超过当地规定税额标准的50%。占用基本农田的，应当按照适用税额的150%征收。

99　斯尔解析▶　BCD　本题考查房产税的计征方式。

选项B当选，融资租赁的房产，由承租人自融资租赁"合同约定"开始日的"次月"起依照房产余值缴纳房产税（从价计征）；合同未约定开始日的，自"合同签订"的"次月"起纳税。

选项C当选，房产出租合同约定有免租期的，免租期内由产权所有人按照房产余值从价计征房产税。

选项D当选，无租使用其他单位房产的应税单位和个人，由使用人依照房产余值代缴房产税。

选项A不当选，单位出租地下人防设施的，应从租计征房产税。

100　斯尔解析▶　ACD　本题考查契税计税依据。

选项B不当选，承受已装修房屋的，装修费用应计入总价款，作为契税的计税依据。

101　斯尔解析▶　ABCD　本题考查契税的纳税义务人与征税范围。

选项AC当选，乙将房屋出售给丙企业，承受方丙企业需要缴纳契税，计税依据应为支付的股份价值，即30 000万元，乙企业不缴纳契税。

选项BD当选，甲企业以自有房产对外投资，视同房屋买卖，由产权承受方乙企业缴纳契税，计税依据为应交付价款24 000万元，甲企业不缴纳契税。

102　斯尔解析▶　AC　本题考查土地增值税扣除项目。

选项A当选，房地产开发企业销售已装修的房屋，其装修费用可以计入房地产开发成本中扣除。

选项C当选，房地产开发企业支付给回迁户的补差价款，应计入拆迁补偿款；回迁户支付给房地产开发企业的补差价款，应抵减本项目的拆迁补偿费。

选项B不当选，与清算项目配套的公共基础设施，建成后有偿出租的，成本费用不得扣除。

选项D不当选，已经计入房地产开发成本的利息支出，应调整至财务费用（开发费用）中计算扣除。

第六模块　企业所得税法

一、单项选择题

| 103 | C | 104 | A | 105 | D | 106 | D | 107 | D |
| 108 | C | 109 | B | 110 | D | 111 | C | 112 | A |

二、多项选择题

| 113 | BD | 114 | CD | 115 | ABCD | 116 | AD | 117 | BC |
| 118 | ABC | 119 | ACD | 120 | ABC |

一、单项选择题

103 斯尔解析▶ **C** 本题考查股权转让所得和股息红利所得的企业所得税规定。

选项C当选，具体计算过程如下：

（1）符合条件的居民企业之间的股息、红利所得，免税。甲企业取得的分红款50万元属于免税收入。

（2）股权转让所得为转让股权收入扣除为取得该项股权所发生的成本，不得扣除被投资企业未分配利润等股东留存收益中按该项股权所可能分配的金额。

综上，甲企业转让乙企业股权应确认的应纳税所得额为400（1 200-800）万元。

选项A不当选，在计算股权转让所得时，扣除了被投资企业留存收益中按该项股权所可能分配的金额。

选项B不当选，既扣除了被投资企业留存收益中按该项股权所可能分配的金额，又未考虑居民企业间的股息、红利免税政策。

选项D不当选，未考虑居民企业间的股息、红利免税政策。

提示：被投资方撤资和股权转让两项业务中，对被投资企业留存收益的处理不同。

（1）确定股权转让所得时，只允许扣除股权投资的成本，不允许扣除留在被投资方尚未分配的留存收益。

（2）投资方撤回或减少投资，其取得（或收回）的资产中，相当于被投资企业累计未分配利润和累计盈余公积按减少实收资本比例计算的部分，应确认为股息、红利所得，符合条件的可免税。

104 (斯尔解析▶) A 本题考查企业所得税的收入确认时点。

选项A当选，接受捐赠收入，按照实际收到捐赠资产的日期确认收入的实现。

选项B不当选，租金收入按照合同约定的承租人应付租金的日期确认收入的实现；如果租赁跨年度，且租金一次性提前支付的，在租赁期内，分期均匀计入相关年度收入。

选项C不当选，企业按照市场价格销售货物、提供劳务服务等，取得的与销货数量或金额相关的财政补贴，应按照权责发生制原则确认收入；除此外，取得的各种政府财政补贴，应当按照实际取得收入的时间确认收入。

选项D不当选，受托加工制造大型机械设备、船舶、飞机，以及从事建筑、安装、装配工程业务或者提供其他劳务等，持续时间超过12个月的，按照纳税年度内完工进度或者完成的工作量确认收入的实现。

105 (斯尔解析▶) D 本题考查非货币性资产投资的企业所得税处理。

选项A不当选，被投资企业取得非货币性资产的计税基础，应按非货币性资产的公允价值确定。

选项B不当选，居民企业以非货币性资产对外投资确认的非货币性资产转让所得，可在不超过5年期限内，分期均匀计入相应年度的应纳税所得额，按规定计算缴纳企业所得税。

选项C不当选，企业以非货币性资产对外投资，应于投资协议生效并办理股权登记手续时，确认非货币性资产转让收入的实现。

提示：投资方取得被投资方的股权，应以非货币性资产的原计税成本为基础，加上每年确认的非货币性资产转让所得，逐年进行调整。

106 (斯尔解析▶) D 本题考查固定资产相关支出的所得税处理。

选项D当选，固定资产的改良、改建支出，应增加固定资产的计税基础。

选项ABC不当选，均应作为长期待摊费用，按照规定摊销。

107 (斯尔解析▶) D 本题考查资产的企业所得税处理。

选项D当选，此情况下固定资产的计税基础，优先以发票所载金额为准，如不能提供购置发票时，凭购置资产的合同（协议）、资金支付证明、会计核算资料等记载金额作为计税基础。

选项A不当选，企业购买的文物、艺术品用于收藏、展示、保值增值的，作为投资资产进行税务处理。在持有期间，计提的折旧、摊销费用，不得税前扣除。

选项B不当选，外购的固定资产，自固定资产"投入使用"月份的次月起计算折旧。

选项C不当选，应按照税法规定的折旧、摊销年限，"扣除该资产投入使用年限"后，就剩余年限继续计提折旧、摊销额并在税前扣除。

108 (斯尔解析▶) C 本题考查研发费用加计扣除的范围和不得享受加计扣除的活动。

选项C当选，可以享受加计扣除。

选项A不当选，允许加计扣除的折旧仅限于用于研发活动的仪器设备的折旧费，不包括房屋建筑物的折旧费用。

选项BD不当选，下列活动不适用税前加计扣除政策：

（1）产品（服务）的常规性升级。

（2）对某项科研成果的直接应用。

（3）企业在商品化后为顾客提供的技术支持活动。（选项D）

（4）对现存产品、服务、技术、材料或工艺流程进行的重复或简单改变。

（5）市场调查研究、效率调查或管理研究。（选项B）

（6）作为工业（服务）流程环节或常规的质量控制、测试分析、维修维护。

（7）社会科学、艺术或人文学方面的研究。

109 斯尔解析▶　**B**　本题考查海南自由贸易港的税收优惠。

选项B当选、选项C不当选，对在海南自由贸易港设立的旅游业、现代服务业、高新技术产业企业新增境外直接投资取得的所得，免征企业所得税。其中新增境外直接投资是指从境外新设分支机构取得的营业利润，或从持股比例超过20%（含）的境外子公司分回的、与新增境外直接投资相对应的股息所得。

选项A不当选，对注册在海南自由贸易港并实质性运营的鼓励类产业企业，减按15%的税率征收企业所得税。

选项D不当选，对在海南自由贸易港设立的企业，新购置（含自建、自行开发）固定资产（除房屋、建筑物以外）或无形资产，单位价值不超过500万元（含）的，允许一次性计入当期成本费用在计算应纳税所得额时扣除，不再分年度计算折旧和摊销。单位价值超过500万元的，可以缩短折旧、摊销年限或采取加速折旧、摊销的方法。但此项税收优惠不包括办公楼等房屋建筑物。

110 斯尔解析▶　**D**　本题考查企业所得税的税收优惠。

选项D当选，生产和装配伤残人员专门用品的企业符合条件的全部所得均可以免征企业所得税。

选项A不当选，农村饮水工程运营管理企业针对其目录范围内的饮水工程新建项目的投资经营所得可以享受三免三减半优惠。

选项BC不当选，均适用于15%优惠税率。

111 斯尔解析▶　**C**　本题考查企业重组的税务处理。

选项A不当选，企业分立采用一般性税务处理方法，亏损不得互相弥补。

选项B不当选，企业合并采用一般性税务处理方法时，合并企业应按照公允价值确定被合并企业各项资产和负债的计税基础。

选项D不当选，企业合并采用特殊性税务处理方法时，税收优惠适用条件未发生改变的，可以继续享受合并前该企业剩余期限的税收优惠，其优惠金额按存续企业合并前一年的应纳税所得额（亏损计为零）计算。

112 斯尔解析▶　**A**　本题考查非居民企业应纳税所得额的确定。

对于在中国境内未设立机构、场所的，或者虽设立机构、场所但取得的所得与其所设机构、场所没有实际联系的非居民企业的所得，按照下列方法计算应纳税所得额：

（1）股息、红利等权益性投资收益和利息、租金、特许权使用费所得，以收入全额为应纳税所得额。（选项A当选、选项C不当选）

（2）转让财产所得，以收入全额减除财产净值后的余额为应纳税所得额。（选项BD不当选）

二、多项选择题

113 斯尔解析▶ **BD** 本题考查企业所得税所得来源地的确定。

日本A集团总部位于东京，在我国境内未设立机构、场所，属于未在我国境内设立机构场所的非居民企业，仅就其来源于我国境内的所得缴纳企业所得税。

选项B当选，租金所得按照负担、支付所得的企业（我国境内工程企业）所在地确定，该租金由我国企业支付，属于来源于我国境内的所得。

选项D当选，权益性投资资产转让所得，按照被投资企业所在地确定，转让我国居民企业的股权属于来源于我国境内的所得。

选项A不当选，销售货物所得，按照交易活动发生地确定，该货物在日本进行交易，因此不属于来源于我国境内的所得。

选项C不当选，不动产转让所得，按照不动产所在地确定所得来源，该商业用地位于日本，因此不属于来源于我国境内的所得。

114 斯尔解析▶ **CD** 本题考查企业所得税的收入确认时间。

选项A不当选，销售商品采取预收款方式的，在发出商品时确认收入。

选项B不当选，长期为客户提供重复的劳务收取的劳务费，在相关劳务活动发生时确认收入。

115 斯尔解析▶ **ABCD** 本题考查企业所得税应税收入的范围。

（1）企业以货币形式和非货币形式从各种来源取得的收入，为收入总额。包括销售货物收入；提供劳务收入；转让财产收入（选项C当选）；股息、红利等权益性投资收益；利息收入；租金收入；特许权使用费收入；接受捐赠收入；其他收入。

（2）其他收入，包括企业资产溢余收入、逾期未退包装物押金收入（选项B当选）、确实无法偿付的应付款项、已作坏账损失处理后又收回的应收款项（选项D当选）、债务重组收入、补贴收入（选项A当选）、违约金收入、汇兑收益等。

提示：

（1）财政补贴收入，需和增值税进行区分：

①在企业所得税中，企业收到的财政补贴收入，除符合条件（"专项用途""专门文件""单独核算"）的可以作为不征税收入外，其余均应缴纳企业所得税。

②在增值税中，企业收到的和销售数量（收入）挂钩的财政补贴收入计征增值税，其余不征收增值税。

（2）包装物押金收入，需和增值税进行区分：

①在企业所得税中，只有逾期包装物押金缴纳企业所得税，未逾期不纳税。

②在增值税中，对于除啤酒、黄酒外的酒类包装物押金，收到时要计算增值税，其他包装物押金，根据"逾期"和"一年"孰早来确定增值税的纳税义务发生时间。

（3）企业转让股权（股票）收入，需和"股息、红利等权益性投资收益"进行区分：

这两项分别为转让时点取得的收入和持有期间取得收入：企业转让股权（股票）收入，均应该缴纳企业所得税；而符合条件的居民企业之间的股息、红利等权益性投资收益属于所得税免税收入，但不包括连续持有居民企业公开发行并上市流通的股票不足12个月取得的投资收益。

116 斯尔解析▶ AD 本题考查企业所得税扣除项目的规定。

选项A当选，企业支付给平等主体的各项与经营活动有关的违约金等，可以扣除；行政罚款、罚金不得扣除。

选项D当选，按规定缴纳的财产保险费允许税前扣除。

选项B不当选，非广告性质的赞助支出不可税前扣除。

选项C不当选，企业之间支付的管理费、企业内营业机构之间支付的租金和特许权使用费，以及非银行企业内营业机构之间支付的利息，不得扣除。

117 斯尔解析▶ BC 本题考查企业所得税的视同销售情形。

选项B当选，将资产移至境外，应视同销售确认收入。

选项C当选，将资产用于市场推广，发生了资产所有权的转移，应视同销售确认收入。

企业发生下列情形的处置资产，由于资产所有权属在形式和实质上不发生改变，可作为内部处置资产，不视同销售确认收入（将资产移至境外的除外）：

（1）将资产用于生产、制造、加工另一产品。

（2）改变资产形状、结构或性能。

（3）改变资产用途（如自建商品房转为自用或经营）。（选项AD不当选）

（4）将资产在总机构及其分支机构之间转移。

（5）上述两种或两种以上情形的混合。

118 斯尔解析▶ ABC 本题考查免税收入中非营利性组织的条件。

符合条件的非营利组织的收入属于企业所得税中的免税收入。其中符合条件的非营利组织是指：

（1）依法履行非营利组织登记手续。（选项C当选）

（2）从事公益性或者非营利性活动。

（3）取得的收入除用于与该组织有关的、合理的支出外，全部用于登记核定或者章程规定的公益性或者非营利性事业。

（4）财产及其孳生息不用于分配。（选项D不当选）

（5）按照登记核定或者章程规定，该组织注销后的剩余财产用于公益性或者非营利性目的，或者由登记管理机关转赠给与该组织性质、宗旨相同的组织，并向社会公告。

（6）投入人对投入该组织的财产不保留或者享有任何财产权利。（选项B当选）

（7）工作人员工资福利开支控制在规定的比例内，不变相分配该组织的财产。（选项A当选）

（8）国务院财政、税务主管部门规定的其他条件。

119 斯尔解析▶ ACD 本题考查可转换债券的企业所得税处理。

选项B不当选，购买方企业在将可转换债券转换为股票时，股票投资成本=该债券购买价+应收未收利息+相关税费，注意不要遗漏应收未收利息。

120 斯尔解析▶ ABC 本题考查"三免三减半"税收优惠政策的适用。

可以享受企业所得税"三免三减半"优惠政策的有：

（1）国家重点扶持的公共基础设施项目。（选项B当选）

（2）电网企业电网新建项目。

（3）符合条件的环境保护、节能节水项目。（选项AC当选）

（4）节能服务公司实施的合同能源管理项目。

选项D不当选，资源综合利用减按90%计入收入总额。

第七模块　个人所得税法

一、单项选择题

121	A	122	D	123	B	124	C	125	D

126	C	127	C	128	D	129	A

二、多项选择题

130	ACD	131	ACD	132	AB	133	ABD	134	AD

135	ABD	136	BC

一、单项选择题

121 斯尔解析▶　A　本题考查个人所得税的计征方式。

选项A当选，属于经营所得，按年计征。

选项B不当选，属于财产租赁所得，以"一个月取得的收入为一次"按次计征，与付款方式无关。

选项C不当选，属于财产转让所得，应该按次计征。

选项D不当选，属于利息、股息红利所得，应该按次计征。

122 斯尔解析▶　D　本题考查所得来源地的确定。

下列所得，不论支付地点是否在中国境内，均为来源于中国境内的所得：

（1）因任职、受雇、履约等而在中国境内提供劳务取得的所得。（选项A不当选）

（2）将财产出租给承租人在中国境内使用而取得的所得。

（3）转让中国境内的建筑物、土地使用权等财产或者在中国境内转让其他财产取得的所得。（选项D当选）

（4）许可各种特许权在中国境内使用而取得的所得。（选项B不当选）

（5）从中国境内的公司、企业以及其他经济组织或者个人取得的利息、股息、红利所得。（选项C不当选）

123 斯尔解析▶　B　本题考查个人养老金的具体规定。

选项B当选，个人缴纳的个人养老金，在实际缴费年度扣除，可以由纳税人选择自综合所得或经营所得中扣除。

124 斯尔解析 ▶ C 本题考查个体工商户的税前扣除规定。

选项C当选，自2023年1月1日起至2027年12月31日止，个体工商户经营所得年应纳税所得额不超过200万元的部分，减半征收个人所得税。个体工商户不论征收方式，均可享受该税收优惠政策。

选项A不当选，个体工商户业主的工资薪金支出不得税前扣除。

选项B不当选，个体工商户研究开发新产品、新技术、新工艺所发生的购置单台价值在10万元以下的测试仪器和试验性装置费用准予直接扣除；单台价值在10万元以上（含）的测试仪器和试验性装置，按固定资产管理，不得在当期直接扣除。

选项D不当选，用于个人和家庭的支出，不属于与生产经营活动相关的费用，不得扣除；但生产经营与个人、家庭生活混用难以分清的费用，其40%视为与生产经营有关费用，准予扣除。注意两者的区分。

125 斯尔解析 ▶ D 本题考查企业年金的个人所得税处理。

选项A不当选，年金基金投资运营收益分配计入个人账户时，暂不缴纳个人所得税。

选项B不当选，个人缴费部分在不超过本人缴费工资计税基数的4%标准内的部分，暂从个人当期的应纳税所得额中扣除。

选项C不当选，个人达到国家规定的退休年龄，领取的企业年金、职业年金，不并入综合所得，全额单独计算应纳税款。

126 斯尔解析 ▶ C 本题考查员工取得一次性补偿收入的个人所得税计算。

选项C当选，具体计算过程如下：

（1）个人因与用人单位解除劳动关系而取得的一次性补偿收入（包括用人单位发放的经济补偿金、生活补助费和其他补助费用），其收入在当地上年职工平均工资3倍数额以内的部分，免征个人所得税；超过3倍数额的部分，不并入当年综合所得，单独适用综合所得税率表（年度表）计算纳税。

故一次性补偿金应纳税所得额＝（180 000＋10 000）－50 000×3＝40 000（元）

查找综合所得税率表（年度表），适用10%税率、速算扣除数为2 520元，应纳税额＝40 000×10%－2 520＝1 480（元）。

（2）当月取得的正常工资收入，应按照累计预扣法计算预扣预缴税款，应纳税额＝（19 000－5 000）×3%＝420（元）。

综上，李某1月份应缴纳个人所得税＝1 480＋420＝1 900（元）。

选项A不当选，未考虑工资薪金收入的应纳税额。

选项B不当选，误将生活补助费与当月取得的工资收入合并按照"工资、薪金所得"计税。

选项D不当选，在计算当月工资收入应纳税额时未考虑基本减除费用5 000元/月。

127 斯尔解析 ▶ C 本题考查沪港通、深港通相关的个人所得税政策。

选项C当选、选项A不当选，对内地个人投资者通过深港通投资香港联交所上市股票取得的转让差价所得，暂免征收个人所得税。

选项BD不当选，内地个人投资者通过沪港通、深港通投资香港联交所上市股票的股息红利，应该由H股公司按照20%的税率代扣个人所得税；但如果内地投资者投资联交所上市的非H股所取得的股息红利，则应该由中国证券登记结算有限公司按照20%的税率代扣个人所得税。

128 〔斯尔解析▶〕　**D**　本题考查与股票期权相关的个人所得税政策。

选项A不当选，员工行权时，其从企业取得股票的实际购买价（施权价）低于购买日公平市场价（该股票当日的收盘价）的差额，是因员工在企业的表现和业绩情况而取得的与任职、受雇有关的所得，应按"工资、薪金所得"适用的规定计算缴纳个人所得税。

选项B不当选，行权后的股票再转让取得的收益应按照"财产转让所得"缴纳个人所得税。

选项C不当选，除另有规定外，员工接受企业授予的股票期权时一般不征税。

129 〔斯尔解析▶〕　**A**　本题考查公益性捐赠支出的扣除。

选项A当选，居民个人自行决定在综合所得、分类所得、经营所得中扣除的公益捐赠支出的顺序；在一个项目中扣除不完的公益捐赠支出，可以按规定在其他所得项目中继续扣除。

选项B不当选，居民个人选择在工资、薪金中扣除的，可以选择在预扣预缴时扣除或年度汇算清缴时扣除。

选项C不当选，居民个人选择在劳务报酬所得、稿酬所得、特许权使用费所得中扣除的，只能在年度汇算清缴时扣除，预扣预缴时不得扣除。

选项D不当选，公益性捐赠支出，如选择在经营所得中扣除，可以选择在预缴税款时扣除，也可以选择在汇算清缴时扣除。需要注意的是，经营所得采取核定征收方式的，不得扣除公益性捐赠支出。

二、多项选择题

130 〔斯尔解析▶〕　**ACD**　本题考查各项所得适用的个人所得税征税项目。

选项B不当选，公司职工取得的用于购买企业国有股权的劳动分红，按"工资、薪金所得"计征个人所得税。

131 〔斯尔解析▶〕　**ACD**　本题考查各项所得适用的个人所得税征税项目。

选项B不当选，个人股东从被投资企业无偿取得车辆所有权，要看被投资企业的性质确定个人所得税的适用项目。如果被投资企业为个人独资企业、合伙企业，个人无偿取得的车辆所有权应按照"经营所得"征税，除此外，从其他类型企业无偿取得的车辆所有权应按照"利息、股息、红利"所得征税。

132 〔斯尔解析▶〕　**AB**　本题考查专项附加扣除的扣除时限。

选项C不当选，3岁以下婴幼儿照护专项附加扣除，扣除时间自婴幼儿出生当月至满3周岁的前一个月。

选项D不当选，赡养老人，扣除时间为被赡养人年满60周岁的当月至赡养义务终止的"年末"。

133 〔斯尔解析▶〕　**ABD**　本题考查财产转让所得中需要核定股权转让收入的情形。

符合下列情形之一的，主管税务机关可以核定股权转让收入：

（1）申报的股权转让收入明显偏低且无正当理由的。（选项C不当选）

（2）未按照规定期限办理纳税申报，经税务机关责令限期申报，逾期仍不申报的。（选项D当选）

（3）转让方无法提供或拒不提供股权转让收入的有关资料。（选项AB当选）

（4）其他应核定股权转让收入的情形。

134 斯尔解析▶　**AD**　本题考查个人所得税的税收优惠。

选项A当选，个人领取原提存的住房公积金、医疗保险金、基本养老保险金时，免予征收个人所得税。

选项D当选，购买社会福利有奖募捐奖券、体育彩票一次中奖收入≤10 000元的，暂免征收个人所得税；对一次中奖收入＞10 000元的，应按税法规定全额征税。

选项B不当选，个人达到法定退休年龄，领取的年金，不并入综合所得，全额单独按年或按月计税。

选项C不当选，个人从公开发行和转让市场取得的上市公司股票，持股期限在1个月以内（含1个月）的，其股息红利所得全额计入应纳税所得额；持股期限在1个月以上至1年（含1年）的，暂减按50%计入应纳税所得额；持股期限超过1年的，股息红利所得暂免征收个人所得税。

135 斯尔解析▶　**ABD**　本题考查个人所得税的税收优惠。

选项ABD当选，均为免征个人所得税的项目。

选项C不当选，公司债券利息应按利息股息红利所得缴纳个人所得税。

136 斯尔解析▶　**BC**　本题考查个人所得税综合所得汇算清缴的征管规定。

选项B当选、选项A不当选，纳税人年度综合所得收入超过12万元且需要补税金额超过400元的，需要办理年度汇算；年度汇算需补税，但年度综合所得收入不超过12万元的，属于无须办理年度汇算清缴的情形。

选项C当选，纳税人预缴税款时，未足额享受专项附加扣除（如大病支出），且申请退税的，需要办理年度汇算。

选项D不当选，纳税人已预缴税额与年度应纳税额一致或者不一致但不申请退税的，无须办理年度汇算。

第八模块　国际税收、税收征管、税务行政法制

一、单项选择题

137	B	138	B	139	D	140	B	141	D
142	C	143	D	144	A	145	A	146	C
147	C	148	C	149	B	150	A	151	D
152	D	153	A							

二、多项选择题

154	AB	155	ABD	156	AC	157	ACD	158	BD
159	BCD	160	ACD	161	BCD	162	BCD	163	CD
164	ABD	165	ABCD							

一、单项选择题

137 **斯尔解析▶** B　本题考查税基侵蚀和利润转移项目的成果。

选项B当选，OECD于2014年7月发布了《金融账户涉税信息自动交换标准》（简称AEOI标准）；经国务院批准，2014年9月，我国在G20财政部部长和央行行长会议上承诺将实施该标准，旨在通过加强全球税收合作提高税收透明度，打击利用海外账户逃避税行为。而税基侵蚀和利润转移项目成果有以下15项：

（1）《关于数字经济面临的税收挑战的报告》。

（2）《消除混合错配安排的影响》。（选项C不当选）

（3）《制定有效受控外国公司规则》。

（4）《对利用利息扣除和其他款项支付实现的税基侵蚀予以限制》。

（5）《考虑透明度和实质性因素有效打击有害税收实践》。

（6）《防止税收协定优惠的不当授予》。（选项A不当选）

（7）《防止人为规避构成常设机构》。

（8）~（10）《确保转让定价结果与价值创造相匹配》。（选项D不当选）

（11）《衡量和监控BEPS》。

（12）《强制披露规则》。

（13）《转让定价文档与国别报告》。

（14）《使争议解决机制更有效》。

（15）《开发用于修订双边税收协定的多边工具》。

138　斯尔解析▶　B　本题考查区域全面经济伙伴关系协定的重要意义。

选项B当选，《区域全面经济伙伴关系协定》的签署，标志着当前世界上人口最多、经贸规模最大、最具发展潜力的自由贸易区正式启航。

139　斯尔解析▶　D　本题考查税收协定中独立个人劳务条款。

选项D当选，缔约国一方居民个人（中国居民甲）独立个人劳务取得的所得，应仅在该缔约国（中国）征税，即一般情况下仅在该个人为其居民的国家征税。但符合下列条件之一的，来源国（新加坡）有征税权：

（1）该居民个人在缔约国另一方为从事个人独立劳务设有经常使用的固定基地。

（2）该居民个人在任何12个月中在缔约国另一方停留连续或累计达到或超过183天。

140　斯尔解析▶　B　本题考查受益所有人的身份判定。

选项B当选，缔约对方国家（地区）对有关所得不征税或免税，或征税但实际税率极低，属于不利于对申请人"受益所有人"身份判定的情形。

选项A不当选，申请人为缔约对方居民个人，属于可直接判定申请人具有"受益所有人"身份的情形。

选项C不当选，申请人"有义务"在收到所得的12个月内将所得的50%以上支付给第三国（地区）居民，属于不利于对申请人"受益所有人"身份判定的情形。这里的"有义务"包括约定义务和虽未约定义务但已形成支付事实的情形。

选项D不当选，申请人从事不构成实质性经营活动的投资控股管理活动，同时从事其他经营活动"不够显著"，这种情况下不构成实质性经营活动，属于不利于对申请人"受益所有人"身份判定的情形。

141　斯尔解析▶　D　本题考查对外付汇需要办理税务备案的情形。

选项D当选，我国"省级"以上的国家机关对外无偿捐赠援助资金属于无须备案的情形，我国"区县级"国家机关对外无偿捐赠援助资金，须进行税务备案。

选项ABC不当选，均属于无须进行税务备案的情形，无须进行税务备案的情形如下：

（1）境内机构对外支付的在境外发生的特定费用：在境外发生的差旅、会议、商品展销、进出口贸易佣金、保险费、赔偿款、境外代表机构办公经费、境外承包工程款、国际运输费用、境外修理、油料、港杂费用、出境旅游团费以及代订代办住宿交通等相关费用。

（2）亚洲开发银行和世界银行、外国政府、国际金融组织从我国取得的所得和收入。

（3）外汇指定银行或财务公司自身对外融资，如境外借款、境外同业拆借、海外代付等。

（4）我国省级以上国家机关对外无偿捐赠援助资金。

（5）境内证券公司或登记结算公司向境外机构或个人支付其获得的股息、红利、利息收入以及有价证券卖出所得收益。

（6）境内个人境外留学、旅游、探亲等因私用汇。

（7）服务贸易、收益和经常转移项下退汇。

（8）外国投资者以境内直接投资合法所得在境内再投资。

（9）财政预算内机关、事业单位、社会团体非贸易非经营性付汇业务。

142 斯尔解析▶ **C** 本题综合考查纳税申报管理的相关规定。

选项A不当选，只有实行"定期定额"缴纳税款的纳税人，才可以实行简易申报、简并征期等申报纳税方式。

选项B不当选，纳税人在纳税期内没有应纳税款的，也应当按照规定办理纳税申报。

选项D不当选，申报期限有两种：一种是法律、行政法规明确规定的；另一种是税务机关按照法律、行政法规的原则规定，结合纳税人生产经营的实际情况及其所应缴纳的税种等相关问题予以确定的，两种期限具有同等的法律效力。

提示：纳税申报的对象为纳税人和扣缴义务人。纳税人在纳税期内没有应纳税款的，或者享受减免税待遇的，也应当按照规定办理纳税申报。

143 斯尔解析▶ **D** 本题考查税收保全措施的相关规定。

选项A不当选，实施税收保全措施须经"县级以上税务局（分局）局长"批准。

选项B不当选，可以采取税收保全措施的纳税人仅限于从事生产、经营的纳税人，不包括非从事生产、经营的纳税人，也不包括扣缴义务人和纳税担保人。

选项C不当选，可书面通知纳税人的开户银行或其他金融机构冻结纳税人的"金额相当于应纳税款"的存款，即冻结存款的数额以纳税人应纳税额的金额为限。

144 斯尔解析▶ **A** 本题考查企业破产清算程序的税收征管。

选项A当选，所欠税款（包括教育费附加和地方教育附加），按"欠缴税款"申报；所欠滞纳金、因特别纳税调整产生的利息，按"普通破产债权"申报。

选项B不当选，企业因继续履行合同需要开具发票的，"管理人"可以以企业名字按规定申请开具发票或者代开发票。

选项C不当选，企业所欠税款、滞纳金、罚款，以及因特别纳税调整产生的利息，以人民法院裁定受理破产申请之日为截止日计算确定。

选项D不当选，法院受理破产申请之日，直到企业注销之日期间，企业应当履行税法规定的相关义务，破产程序中如发生应税情形，应按规定申报纳税。

145 斯尔解析▶ **A** 本题考查纳税信用管理和修复的相关规定。

选项A当选，纳税人发生未按法定期限办理税款缴纳且已补办的，失信行为尚未纳入纳税信用评价的，纳税人无须提出申请，由税务机关调整信用评价分值并进行纳税信用评价。

选项B不当选，纳税信用修复完成后，纳税人按照修复后的纳税信用级别适用相应的税收政策和管理服务措施，之前的政策措施不作追溯调整。

选项C不当选，非正常户失信行为纳税信用修复一个纳税年度内只能申请一次。

选项D不当选，在失信行为被列入失信记录的"次年"年底前提出信用修复申请。

146 斯尔解析 ▶ C 本题考查重大税收违法失信主体公布期限。

选项C当选，失信主体信息公布期限为3年，满3年的停止公布并从公告栏撤出。

147 斯尔解析 ▶ C 本题考查涉税专业服务基本准则和流程。

选项C当选，专业税务顾问、税收策划、涉税鉴证和纳税情况审查四类业务的业务成果，应当由承办业务的税务师、注册会计师或者律师签章。

选项ABD不当选，无须税务师、注册会计师或者律师签章。

148 斯尔解析 ▶ C 本题考查税务行政处罚的种类。

选项C当选，停止出口退税权属于税务行政处罚。

选项ABD不当选，冻结银行存款、强制执行、加征滞纳金，均属于税款征收的措施，不属于税务行政处罚。

提示：税务行政处罚的种类包括罚款、没收财物违法所得、停止出口退税权。

149 斯尔解析 ▶ B 本题考查税务行政处罚权设定的具体规定。

选项A不当选，国家税务总局设定的罚款金额一般最高不得超过10万元，且不得超过法律、行政法规对相似违法行为的罚款数额；涉及公民生命健康安全、金融安全且有危害后果的，最高不得超过20万元。

选项C不当选，"国家税务总局"可以通过规章的形式设定警告和罚款。税务局及其以下各级税务机关不能设定税务行政处罚。

选项D不当选，"国务院"可以通过行政法规的形式设定除限制人身自由以外的税务行政处罚，而非"国家税务总局"以"规章"形式设定。

150 斯尔解析 ▶ A 本题考查征税行为的具体范围。

纳税人对下列征税行为不符的，需要先复议再诉讼：

（1）确认纳税主体、征税对象、征税范围、减税、免税、退税、抵扣税款、适用税率、计税依据、纳税环节、纳税期限、纳税地点和税款征收方式等具体行政行为。

（2）征收税款、加收滞纳金的具体行政行为。（选项A当选）

（3）扣缴义务人、受税务机关委托的单位和个人作出的代扣代缴、代收代缴、代征行为等。

151 斯尔解析 ▶ D 本题考查税务行政复议和行政诉讼的相关规定。

选项A不当选，本题属于该加工企业对税务机关做出的"征税行为"不服，必须先进行税务行政复议，未经复议不能向法院起诉。

选项B不当选，税务机关属于垂直管理机关，企业对县级税务机关做出的具体行政行为不服的，应当向其上一级税务机关申请行政复议，而不可向本级人民政府提起行政复议。

选项C不当选，行政复议期间，具体行政行为不停止执行，该加工企业应当在复议决定之前按规定期限及时缴纳税款。

152 斯尔解析 ▶ D 本题考查税务行政复议的中止和终止。

行政复议期间，有下列情形之一的，行政复议终止：

（1）申请人要求撤回行政复议申请，行政复议机构准予撤回的。

（2）作为申请人的公民死亡，没有近亲属，或者其近亲属放弃行政复议权利的。

（3）作为申请人的法人或者其他组织终止，其权利义务的承受人放弃行政复议权利的。

（4）申请人与被申请人依照规定，经行政复议机构准许达成和解的。

（5）行政复议申请受理以后，发现其他行政复议机关已经先于本机关受理，或者人民法院已经受理的。（选项D当选）

选项ABC不当选，属于行政复议中止的情形。

153　斯尔解析▶　**A**　本题考查税务行政诉讼中税务机关的权利。

选项A当选、选项BCD不当选，在税务行政诉讼等行政诉讼中，起诉权是单向性的权利，税务机关不享有起诉权，只有应诉权，即税务机关只能作为被告；与民事诉讼不同，作为被告的税务机关不能反诉。

二、多项选择题

154　斯尔解析▶　**AB**　本题考查常设机构的类型。

选项C不当选，由于仓储、展览、采购及信息收集等活动的目的设立的具有准备性或辅助性的固定场所，不应被认定为常设机构。

选项D不当选，专门从事代理业务的经纪人、中间商等一般佣金代理人等属于独立代理人，不应因此认定其代理的企业构成常设机构。

155　斯尔解析▶　**ABD**　本题考查同期资料管理的相关规定。

选项C不当选，年度无形资产所有权转让金额超过1亿元的，应准备"本地文档"。

156　斯尔解析▶　**AC**　本题考查境外所得税收管理的抵免办法。

选项A当选、选项D不当选，只有应当缴纳且实际缴纳的税额才可以予以抵免；已经计提尚未实际缴纳的则不予抵免。

选项C当选，居民企业来源于境外的股息等权益性投资所得在境外被源泉扣缴的预提所得税额可以适用于直接抵免法。

选项B不当选，利息、罚息、滞纳金、罚款等不予抵免。

157　斯尔解析▶　**ACD**　本题考查支柱二中的最低税率。

选项A当选，收入纳入规则中的全球最低税率为15%。

选项C当选，低税支付规则中的全球最低税率也为15%。

选项D当选、选项B不当选，应税规则中的最低税率为9%。

158　斯尔解析▶　**BD**　本题考查特别纳税调查中的重点关注企业类型。

税务机关实施特别纳税调查，应当重点关注具有以下风险特征的企业：

（1）关联交易金额较大或者类型较多。（选项D当选）

（2）存在长期亏损、微利或者跳跃性盈利。（选项B当选）

（3）低于同行业利润水平。（选项A不当选）

（4）利润水平与其所承担的功能风险不相匹配，或者分享的收益与分摊的成本不相配比。

（5）与低税国家（地区）关联方发生关联交易。

（6）未按照规定进行关联申报或者准备同期资料。

（7）从其关联方接受的债权性投资与权益性投资的比例超过规定标准。

（8）由居民企业，或者由居民企业和中国居民控制的设立在实际税负低于12.5%的国家（地区）的企业，并非由于合理的经营需要而对利润不作分配或者减少分配。（选项C不当选）

（9）实施其他不具有合理商业目的的税收筹划或者安排。

159　斯尔解析▶　BCD　本题考查预约定价安排简易计税程序的相关规定。

选项A不当选，企业在主管税务机关送达《税务事项通知书》之日所属纳税年度前3个年度，每年度发生的关联交易金额4 000万元人民币"以上"的，并符合下列条件之一的，可申请适用简易程序：

（1）已提交前3个年度符合规定的同期资料。

（2）前10个年度内曾执行预约定价安排，且执行结果符合安排要求。

（3）前10个年度内，曾受到税务机关特别纳税调整且结案的。

160　斯尔解析▶　ACD　本题考查纳税保证人的具体规定。

有下列情形之一的，不得作为纳税担保人：

（1）国家机关、学校、幼儿园、医院等事业单位、社会团体。

（2）企业法人的职能部门（分支机构有书面授权的，可在授权范围担保）。

（3）有以下情形之一的：

①有逃避缴纳税款、抗税、骗税、逃避追缴欠税行为被追究法律责任未满2年的。（选项B不当选）

②因税收违法行为正在被立案处理或涉嫌刑事犯罪被立案侦查的。

③纳税信用等级被评为C级以下的。（选项C当选）

④在主管税务机关所在地没有住所的自然人或税务登记不在本市的企业。（选项A当选）

⑤无民事行为能力或限制民事行为能力的自然人。

⑥与纳税人存在担保关联关系的。

⑦有欠税行为的。（选项D当选）

161　斯尔解析▶　BCD　本题考查重大税收违法失信主体的判断。

选项BCD当选，欠缴应纳税款，采取转移或者隐匿财产的手段，妨碍税务机关追缴欠缴的税款，欠缴税款金额100万元以上的；虚开增值税专用发票或者虚开用于骗取出口退税、抵扣税款的其他发票的；虚开增值税普通发票100份以上或者金额400万元以上的等情形，为重大税收违法失信主体。

选项A不当选，不缴或者少缴应纳税款100万元以上，且"任一年度不缴或者少缴应纳税款占当年各税种应纳税总额10%以上"的，为"重大税收违法失信主体"。

162　斯尔解析▶　BCD　本题考查发票违规行为的法律责任。

选项BCD当选，均应由税务机关没收违法所得，处以1万元以上5万元以下罚款；情节严重的，处以5万元以上50万元以下罚款。

选项A不当选，以其他凭证代替发票使用的，由税务机关责令改正，可以处1万元以下的罚款，有违法所得的予以没收。

163　斯尔解析▶　CD　本题考查税务行政处罚的听证程序。

选项A不当选，听证由"非"本案调查机构人员主持。

选项B不当选，当事人可以亲自参加听证，也可以委托1至2人代理。

164 〔斯尔解析▶〕　**ABD**　本题考查首违不罚清单事项。

对于首次发生下列清单中所列事项且危害后果轻微，在税务机关发现前主动改正或者在责令限期改正的期限内改正的，不予行政处罚。

（1）未按规定报送下列相关信息的：未报送全部银行账号；未按规定报送财务、会计制度或者财务会计处理办法和会计核算软件；未报送代扣代缴、代收代缴税款有关资料。（选项B当选）

（2）未设置、保管账簿或者保管记账凭证和有关资料的，包括代扣代缴、代收代缴税款账簿凭证及有关资料。（选项D当选）

（3）未按规定期限办理纳税申报的。（选项A当选）

（4）未按规定取得发票、缴销发票、报送税控装置开票数据或加盖发票专用章，且没有违法所得的。（选项C不当选）

（5）未按规定办理税务登记证验证或者换证手续。

165 〔斯尔解析▶〕　**ABCD**　本题考查行政复议的和解与调解。

对下列行政复议事项，按照自愿、合法的原则，申请人和被申请人在行政复议机关作出行政复议决定以前可以达成和解，行政复议机关也可以调解：

（1）行使自由裁量权作出的具体行政行为，如行政处罚（选项C当选）、核定税额（选项D当选）、确定应税所得率等。

（2）行政赔偿（选项A当选）、行政奖励（选项B当选）。

（3）存在其他合理性问题的具体行政行为。

专题一　增值税法

166　斯尔解析 ▶

（1）关税完税价格＝（200+30）×（1+3‰）＝230.69（万元），业务（1）应缴纳的进口关税＝230.69×10%＝23.07（万元）。（1分）

（2）业务（1）应缴纳的进口环节增值税＝（230.69+23.07）×13%＝32.99（万元）。（1分）

（3）外贸企业外购货物出口，应采用免、退税的处理方式。（0.5分）

退税的计税依据是增值税专用发票上注明的税额。（0.5分）

出口退税额＝10.4（万元）。（1分）

（4）在不动产所在地应预缴增值税＝109÷（1+9%）×3%＝3（万元）。

在不动产所在地应预缴的城市维护建设税＝3×7%＝0.21（万元）

业务（3）预缴增值税和预缴城市维护建设税合计＝3+0.21＝3.21（万元）（1.5分）

（5）业务（4）不得享受固定资产一次性扣除政策。该政策仅适用于设备、器具，不包括房产和建筑物。（1分）

当月允许抵扣的进项税额＝45（万元）。（1分）

（6）业务（5）应扣缴的增值税＝169.5÷（1+13%）×13%＝19.5（万元）。（1分）

（7）业务（5）应扣缴的企业所得税＝169.5÷（1+13%）×10%＝15（万元）。（1分）

（8）业务（6）的增值税销项税额＝800×13%＝104（万元）。（1分）

（9）当月允许抵扣的进项税＝32.99×98%+45+19.5＝96.83（万元）。（1.5分）

说明：

业务（1）允许抵扣的进项税＝32.99×98%＝32.33（万元）

业务（2）10.4万元是出口退税额，不属于可以抵扣或者实际抵扣的进项税额。

业务（4）允许抵扣的进项税＝45（万元）

业务（5）允许抵扣的进项税＝19.5（万元）

（10）当月的销项税额＝109÷（1+9%）×9%+104＝113（万元）。

当月进行纳税申报时合计应缴纳的增值税＝113−96.83−3＝13.17（万元）（2分）

说明：

业务（3）的增值税销项税额＝109÷（1+9%）×9%＝9（万元）

业务（6）的增值税销项税额＝800×13%＝104（万元）

业务（3）已经预缴的税额＝3（万元）

📡 应试攻略

本题属于常规类型增值税综合题，考查角度和内容中规中矩。其中需要关注如下几点：

（1）本题中将外贸企业出口外购货物业务融入了一般业务中，此类业务单独适用出口免、退政策，取得的进项税额一旦进行了退税，是无法再抵扣的。

（2）从境外公司承租仪器设备向境外公司支付的租金，属于"有形动产经营租赁"服务，故适用13%的增值税税率，在计算代扣代缴的增值税时应关注此业务的适用税率。

（3）本题中在增值税内容中适当融入了企业所得税知识点，例如固定资产的一次性扣除政策、对外支付租赁应代扣代缴的企业所得税计算等。在考试真题中增值税大题也可能是适当结合其他税种，例如消费税、车辆购置税、城建税和教育费附加，甚至土地增值税的计算。

167 斯尔解析▶

（1）现金折扣不得从销售额中扣除。（1分）

业务（1）销项税额=212÷（1+6%）×6%=12（万元）（1分）

说明：

①享受的2%的折扣属于"现金折扣"，应以折扣前的金额作为销售额。

②软件研发服务按照"现代服务"缴纳增值税，适用税率6%。

（2）以服务易物，双方应分别做购销处理。（0.5分）互联网公司应该以新货物的销售价格确认销项税额，收到乙企业抵偿债务的服务器，应当做购进货物处理，取得增值税专用发票允许抵扣进项税额。（0.5分）

业务（2）销项税额=600÷（1+6%）×6%=33.96（万元）。（1分）

说明：

乙企业以单价为100万元的3台服务器抵偿服务费，双方应作购销处理，因此该互联网企业应确认销项税额，同时该企业收到乙企业开具的增值税专用发票，其进项税额39万元（100×3×13%）可以抵扣，在计算可以抵扣的进项税额时需要予以考虑。

（3）无须缴纳增值税。（0.5分）

理由：向境外单位提供的完全在境外消费的研发服务，适用零税率。（0.5分）

说明：该企业当期计算后如有期末留抵税额还可以申请享受免、抵、退税政策。

（4）业务（4）销项税额=5×13%=0.65（万元）。（1分）

说明：

①纳税人提供租赁服务采取预收款方式，其纳税义务发生时间为收到预收款的当天。即使本题中尚未开具发票，也发生了增值税的纳税义务。

②租赁有形动产，适用税率为13%。

（5）业务（5）销项税额=20÷（1+13%）×13%=2.3（万元）。（1分）

说明：销售的服务器为2021年8月购进且已抵扣进项税额，因此不适用征收率3%减按2%征收的规定。应采取一般计税方法，按照"销售货物"缴纳增值税，税率为13%。

（6）净值率＝（40－10）÷40×100%＝75%，应转出的进项税额＝40×13%×75%＝3.9（万元）。（1分）

或者：

净值＝40－10＝30（万元），应转出的进项税额＝30×13%＝3.9（万元）。

说明：

①兼用于职工福利和应税项目的固定资产，进项税额可以抵扣，改变用途后专用于职工福利，属于全额用于进项税额不可抵扣的用途，需要按照固定资产的净值进行进项税额转出。

②不得抵扣的进项税额＝已抵扣的进项税额×固定资产净值率。

或：不得抵扣的进项税额＝固定资产净值×适用税率。

（7）业务（7）进项税额＝30÷（1+0.5%）×0.5%＝0.15（万元）。（1分）

说明：自2020年5月1日至2027年12月31日，从事二手车经销的纳税人销售其收购的二手车减按0.5%征收率征收增值税。取得二手车经销商开具的专用发票，可以正常抵扣进项税额。

（8）业务（8）可抵扣的进项税额＝1.05÷（1+5%）×5%+（10+0.9）÷（1+9%）×9%+4×6%＝1.19（万元）。（1.5分）

说明：

①对于收费公路通行服务，取得的桥、闸通行费发票可以抵扣，可抵扣进项税额＝桥、闸通行费发票上注明的金额÷（1+5%）×5%。

②取得航空运输电子客票行程单，可抵扣的进项税额＝（票价+燃油附加费）÷（1+9%）×9%，销售额中不包含民航发展基金。

③本单位员工出差餐费，进项税额不得抵扣；发生的住宿费，进项税额可以抵扣。

④外部审计师非"本单位员工"，其发生的国内旅客运输服务不得计算抵扣进项税额。

（9）当期允许抵扣的进项税额＝39－3.9+0.15+1.19＝36.44（万元）。（1.5分）

说明：

①业务（2）乙企业抵偿债务的服务器，取得增值税专用发票，允许抵扣进项税39万元。

②业务（6）固定资产改变用途应进行的进项税额转出3.9万元。

③业务（7）购买二手车取得专用发票允许抵扣的进项税额为0.15万元。

④业务（8）允许抵扣的进项税额为1.19万元。

（10）当期应缴纳的增值税＝12+33.96+0.65+2.3－36.44＝12.47（万元）。（2分）

应试攻略

本题综合考查增值税销售额的确定、进项税额的抵扣等，均为基本知识的考查。但需要考生注意细节，比如题干中给出的金额是否含税、销售自己使用过的固定资产是否适用简易计税的优惠政策、购进二手车取得增值税专用发票时进项税额的计算，切忌凭感觉做题。

在计算销项税额时，注意一般纳税人销售软件产品适用13%税率，而提供软件服务适用6%税率。

在涉及跨境业务时，注意零税率和免税政策的区分。对于道路通行费和国内旅客运输服务，计算抵扣其进项税额时，应注意：

（1）对于收费公路通行服务，取得的桥、闸通行费发票可以抵扣，可抵扣进项税额=桥、闸通行费发票上注明的金额÷（1+5%）×5%。

（2）对于国内旅客运输服务，需注明旅客身份信息。

①取得航空运输电子客票行程单，可抵扣的进项税额=（票价+燃油附加费）÷（1+9%）×9%，销售额中不包含航空建设基金。

②取得铁路车票，可抵扣的进项税额=票面金额÷（1+9%）×9%。

③取得的公路、水路等其他客票，可抵扣的进项税额=票面金额÷（1+3%）×3%。

④国内旅客运输服务的增值税计算抵扣仅限于与本单位签订了劳动合同的员工，以及本单位接受劳务派遣员工发生的国内旅客运输服务，"非本单位员工"不得计算抵扣进项税额。

168 斯尔解析 ▶

（1）业务（1）销项税额=400÷（1+13%）×13%×60%=27.61（万元）。（1分）

说明：采用分期收款方式销售货物的，纳税义务发生时间为合同约定的收款日当天。

（2）业务（2）销售自产机器设备同时提供安装服务，分开核算的，应分别按照销售货物和提供建筑安装服务分别适用不同的税率和征收率，分别计算增值税。其中建筑安装服务可以选择适用简易计税方法。（0.5分）

销项税额=200÷（1+13%）×13%=23.01（万元）（0.5分）

简易计税方法应纳税额=10÷（1+3%）×3%=0.29（万元）（0.5分）

（3）属于"现代服务——其他现代服务"。（0.5分）

业务（3）销项税额=110÷（1+6%）×6%=6.23（万元）。（1分）

（4）业务（4）销项税额=（5-3.2）×100 000÷（1+6%）×6%÷10 000=1.02（万元）。（1分）

说明：

①将上市公司限售股在解禁流通后对外转让，属于金融商品转让，以卖价扣除买价后的余额为销售额缴纳增值税。

②该限售股为公司首次公开发行股票并上市形成，应以该上市公司股票首次公开发行（IPO）

的发行价2.82元/股为买入价，但买入价低于该单位取得限售股的实际成本价3.2元/股，以实际成本价3.2元/股为买入价计算缴纳增值税。

（5）取得的利息收入属于"统借统还"。企业集团核心企业或财务公司按不高于支付给金融机构的借款利率水平，向企业集团或集团内下属单位收取的利息，属于统借统还利息，免征增值税。（0.5分）

向银行支付的贷款利息和与该笔贷款直接相关的手续费支出，属于购进的贷款服务，不得抵扣进项税额。（0.5分）

（6）业务（6）应代扣代缴的增值税=100÷（1+6%）×6%=5.66（万元）。（0.5分）

应代扣代缴的城市维护建设税和教育费附加为0。（0.5分）

说明：

对进口货物或者境外单位和个人向境内销售劳务、服务、无形资产缴纳的两税税额，不征收城市维护建设税和教育费附加。

（7）当月销项税额=27.61+23.01+6.23+1.02=57.87（万元）（1分）

可以抵扣的进项税额=5.66+135=140.66（万元）。（1分）

（8）当月进项税额大于销项税额，故一般计税方法应纳税额为0。

当月增值税应纳税额=0.29（万元）（1分）

（9）当月期末留抵税额=-（57.87-140.66-100）=182.79（万元）。

说明：计算当期期末留抵税额时需要考虑期初留抵税额。

2019年3月31日留抵税额108万元。

故增量留抵税额=182.79-108=74.79（万元）。（1分）

（10）进项税额构成比例=（5 240+172+440）÷（5 240+172+308+440）×100%=95%。（2分）

说明：

①进项构成比例，为2019年4月至申请退税前一税款所属期已抵扣的增值税专用发票（含带有"增值税专用发票"字样全面数字化的电子发票、税控机动车销售统一发票）、收费公路通行费增值税电子普通发票、海关进口增值税专用缴款书、解缴税款完税凭证注明的增值税额占同期全部已抵扣进项税额的比重。

②在计算允许退还的留抵税额的进项构成比例时，纳税人在2019年4月至申请退税前一税款所属期内按规定转出的进项税额，无须进行扣减。

🚀 **应试攻略**

本题跨章节综合考查增值税的计算，以及留抵退税政策的计算和应用。提示以下几点：

一是在计算可以抵扣的进项税额时，需要考虑进口环节缴纳的增值税、从境外单位或个人购进服务代扣代缴的增值税。

二是在计算增量留抵退税金额时，需要考虑进项构成比例。其中国内旅客运输服务电子普通发票上注明的税额、农产品收购发票计算抵扣的税额均不构成计算进项构成比例的分子。

三是新增加的部分为增量留抵税额，需要用2019年3月31日期末留抵税额与当期期末留抵税额相比。

169 斯尔解析▶

（1）业务（1）销项税额=2.6×50×13%=16.9（万元）。（1分）

说明：采取预收款方式销售货物的，增值税纳税义务发生时间为发货当天。

（2）业务（2）销项税额=2×10×13%=2.6（万元）。（1分）

说明：以自产货物换取设备，计算增值税时应该按照A型白酒的平均售价计算。

（3）纳税人销售自己使用过的不得抵扣且未抵扣进项税额的固定资产，适用简易计税办法，该纳税人对外开具了专用发票，故应放弃减税，依照3%征收率缴纳增值税。（1分）

业务（3）应纳增值税额=20.6÷（1+3%）×3%=0.6（万元）。（1分）

（4）业务（4）在不动产所在地应预缴增值税=（300−120）÷（1+5%）×5%=8.57（万元）。（1分）

在不动产所在地应预缴城市维护建设税=8.57×5%=0.43（万元）。（1分）

说明：

①仓库转让属于转让取得的不动产，在预缴和申报时均采用差额征税。

②预缴增值税的同时需要缴纳城市维护建设税时，适用预缴地的税率，为5%。

（5）业务（5）允许抵扣的进项税额=（5.2+0.45）−（5.2+0.45）×2.5÷50=5.37（万元）。（1分）

说明：非正常损失的酒精对应的进项税（包括运费对应部分的进项税额）不得抵扣。

（6）业务（6）允许抵扣的进项税额=10×10%=1（万元）。（1分）

说明：纳税人收购农产品，取得农产品收购发票的，适用于计算抵扣。当期全部生产领用于生产13%税率的货物（白酒），故适用于加计扣除率10%。

（7）业务（7）出售设备的行为不需要缴纳增值税。（0.5分）

理由：该行为属于融资性售后回租，承租方出售资产的行为不属于增值税的征税范围，不征收增值税。（0.5分）

（8）一般计税方法的不含税销售额：

业务（1）不含税销售额=50×2.6=130（万元）

业务（2）不含税销售额=10×2=20（万元）

简易计税方法的不含税销售额：

业务（3）不含税销售额=20.6÷（1+3%）=20（万元）

业务（4）不含税销售额=（300−120）÷（1+5%）=171.43（万元）

无法划分的进项中不得抵扣的进项税额=20×（171.43+20）÷（171.43+20+130+20）=11.21（万元）

允许抵扣的进项税额=2.6+5.37+1+20−11.21=17.76（万元）（1分）

（9）当期应向其机构所在地主管税务机关缴纳的增值税=16.9+2.6−17.76+0.6+8.57−8.57=2.34（万元）。（1分）

说明：纳税人预缴的增值税税款，可以在当期增值税应纳税额中抵减。

（10）业务（1）应缴纳的消费税=2.6×50×20%+50×1 000×0.5×2÷10 000=31（万元）。

业务（2）应缴纳的消费税=2.7×10×20%+10×1 000×0.5×2÷10 000=6.4（万元）

综上，当期应向其机构所在地主管税务机关缴纳的消费税=31+6.4=37.4（万元）。（1.5分）

（11）应在机构所在地缴纳的城市维护建设税=（2.34+37.4）×5%=1.99（万元）。

应在机构所在地缴纳的教育费附加=（2.34+37.4）×3%=1.19（万元）

应在机构所在地缴纳的地方教育附加=（2.34+37.4）×2%=0.79（万元）

综上，应在机构所在地缴纳的城市维护建设税、教育费附加及地方教育附加合计=1.99+1.19+0.79=3.97（万元）。（1.5分）

 **应试攻略**

本题重点考查增值税、消费税、城市维护建设税的计算，均为常规知识点的考核。

结合本题提醒大家注意以下三点：

一是掌握增值税视同销售和消费税视同销售的差异。在"换、投、抵"业务中，对于从价计征和复合计征的应税消费品，消费税计税依据中的销售额为纳税人同类消费品的最高价，而增值税计税依据为纳税人同类消费品的平均价。

二是对于复合计征消费税的应税消费品，注意从量税和从价税单位的统一。

三是对于需要异地预缴增值税的，城市维护建设税适用预缴地税率；回到机构所在地申报纳税时，以实际缴纳的增值税税额（扣减预缴税额后的剩余部分）为计税依据，按机构所在地的城市维护建设税税率缴纳。

专题二 消费税法

170 斯尔解析 ▶

（1）直接收款方式销售应缴纳的消费税＝256×56%＋80×0.003×250×200÷10 000＝144.56（万元）。

分期收款方式销售应缴纳的消费税＝（1 330×56%＋350×0.003×250×200÷10 000）×50%＝375.03（万元）

综上，业务（1）应缴纳的消费税＝144.56＋375.03＝519.59（万元）。（1分）

说明：

①卷烟采用复合计征方式计征消费税，注意"万元"和"元"的统一。

②纳税人采取分期收款结算方式的，消费税纳税义务的发生时间为书面合同约定的收款日期，故当月应按照合同约定，就销售额的50%缴纳消费税。

（2）直接收款方式销售A牌卷烟的平均价格＝256÷80＝3.2（万元）。

分期收款方式销售A牌卷烟的平均价格＝1 330÷350＝3.8（万元）

抵顶货款的卷烟应缴纳的消费税＝90×3.8×56%＋90×0.003×250×200÷10 000＝192.87（万元）（1分）

说明：纳税人用于换取生产资料、投资入股、抵偿债务的应税消费品，按照同类应税消费品的"最高"销售价格计算消费税，除此外，其他的视同销售，按照同类应税消费品的"平均"销售价格计算消费税。此题属于抵债的情形，应采用最高价计算消费税。

（3）8月卷烟应向税务机关申报缴纳的消费税＝519.59＋192.87－300×30%＝622.46（万元）。（1分）

说明：将收回的烟丝用于连续加工卷烟，按生产领用金额扣除已纳消费税。当期将外购的烟丝全部生产领用，故允许按照成本300万元计算消费税全额进行扣除。

（4）业务（4）应缴纳消费税＝400×36%＝144（万元）。（1分）

说明：通过代加工方式生产电子烟的，由持有商标的企业（甲卷烟厂）按照销售给批发商的销售额计算缴纳电子烟消费税，无须进行委托加工组价。剩余40%部分尚未出售，故无须缴纳消费税。

（5）能申请退还消费税。（0.5分）

需要提供开具的红字增值税发票、退税证明等资料交主管税务机关备案，主管税务机关核对无误后办理退税。（0.5分）

应试攻略

　　本题综合考查复合计征消费税的计算公式、纳税义务发生时间、已纳消费税的扣除、电子烟消费税的纳税人和计算，以及按最高价格作为消费税计算依据的情形和消费税的征收管理。消费税题目的特点是每一问相对独立，因此每一问仔细审题，均有拿分的机会。特别提醒大家：

　　（1）仔细阅读题干，本题中销售额和费用均不含增值税，因此无须价税分离。

　　（2）出现按最高价格计算消费税的情形（换、投、抵）时，需仔细梳理题目，准确找出最高价格，不可随意用某个价格计算。此情形下，增值税的计税依据为平均价格。

　　（3）计算卷烟消费税时，对于从量计征的部分请注意两处单位换算。一是"箱"和"支"的换算，一箱卷烟250条、一条200支，故一箱卷烟50 000支；二是定额税率的单位是"元/支"，因此计算出税额后需检查是否需换算为"万元"。

　　（4）消费税退税的知识点相对冷门，属于"黑马"类考点，在考场上遇到此类冷门知识点时切莫慌张，不要恋战，不要影响临场发挥。

171 〔斯尔解析〕▶

　　（1）业务（1）应缴纳的消费税＝（30+1）×（1+15%）÷（1-15%）×15%=6.29（万元）。（1分）

　　说明：

　　①应缴纳的消费税=（关税完税价格+关税）÷（1-比例税率）×比例税率。

　　②进口货物的关税完税价格，包含货价、运输及相关费用和保险费，如果保险费无法确定或者未实际发生，海关应当按照"货价加运费"两者总额的3‰计算保险费。但是，邮运进口的货物，应当以邮费作为运输及其相关费用、保险费，故本题无须再另外计算保险费的金额。

　　③外购应税消费品直接销售的，不再缴纳消费税。注意与外购应税消费品用于连续生产应税消费品时已纳税款扣除的区分。

　　本题中，高档化妆品在进口环节需缴纳消费税；而进口的高档化妆品在零售环节销售时，无须缴纳消费税。

　　（2）业务（2）应缴纳的消费税＝（20+2）÷（1+13%）×15%=2.92（万元）。（1分）

　　说明：

　　①普通保湿精华不属于消费税的应税范围。

　　②业务（2）出售高档保湿面霜属于生产销售"高档护肤品"，应缴纳消费税，包装费2万元应作为价外费用，价税分离后计入消费税计税依据。

　　（3）业务（3）应缴纳的消费税=22.6÷（1+13%）÷90%×15%=3.33（万元）。（1分）

　　说明：

　　①将自产的应税消费品，用于连续生产非应税消费品（中低档化妆品）的，于移送使用时纳税。

②视同销售应先依据纳税人同期同类应税消费品的价格确定销售额，本题中通过计算可得同类消费品对外销售的价格。

③本题中采用赊销方式销售中低档化妆品，为干扰条件。

（4）纳税人未按期缴纳税款时，税务机关的应对措施：可责令限期缴纳，同时加收滞纳金，从滞纳税款之日起，按日加收万分之五的滞纳金。（1分）

逾期仍未缴纳的，经县以上税务局（分局）局长批准，税务机关可以采取强制执行措施。（1分）

✈ **应试攻略**

本题综合考查了关税完税价格的确定、消费税的计算及《税收征收管理法》相关内容，提醒大家注意以下三点：

（1）消费税作为单一环节征收税种，切勿遇到题目就直接计算，先判断是否属于应税消费品再判断是否属于应征消费税的环节。

（2）总结已纳税款可以扣除的情形（①外购9项；②委托加工8项；③委托加工收回加价出售无限制）。

（3）对于消费税的视同销售，需结合题干各项业务的纳税义务发生时间确定应税销售额，计算时还需要注意考虑销售额对应的比例。

172 斯尔解析▶

（1）业务（1）应缴纳的消费税=18×10%=1.8（万元）。（1分）

说明：

①用食用酒精为酒基调制成的具有国食健字文号并且酒精度低于38度（含）的配制酒，应该按照其他酒类税目，适用10%的税率征收消费税。

②酒精不属于消费税的应税消费品，销售酒精不缴纳消费税。

（2）业务（2）进口环节应缴纳的消费税=20×（1+15%）÷（1-10%）×10%=2.56（万元）。（1分）

说明：

①进口葡萄酒应缴纳的消费税应按照进口环节的组成计税价格计算。

②葡萄酒消费税适用"酒"税目下设的"其他酒"子目。

（3）直接对外销售和视同销售葡萄酒应缴纳的消费税=36÷90%×10%-2.56=1.44（万元）。（1分）

说明：

①以10%自产葡萄酒发放给职工，需要视同销售。因有同类销售价格，应按该价格作为视同销售的计税依据，上述公式中10%代表的是葡萄酒的消费税税率。

②从葡萄酒生产企业购进、进口葡萄酒用于连续生产葡萄酒，外购葡萄酒已纳的消费税税款允许按照当期生产领用数量扣除。

③题目中给出当期全部生产领用，故进口环节缴纳的2.56万元消费税可以全额从应纳消费税中扣除。

（4）向商业单位销售白酒应纳消费税=［100×60%×2.5+6÷（1+13%）］×20%+100×60%×1 000×0.5×2÷10 000=37.06（万元）。

通过非独立核算门市部对外销售白酒应纳消费税=100×40%×3×20%+100×40%×1 000×0.5×2÷10 000=28（万元）

综上，业务（3）应缴纳消费税=37.06+28=65.06（万元）。（1分）

说明：

①白酒生产企业向商业企业收取的"品牌使用费"，应并入白酒的销售额中缴纳消费税。

此外，品牌使用费属于价外费用，需要做价税分离。

②纳税人通过自设非独立核算门市部销售的自产应税消费品，应当按照门市部对外销售额或者销售数量征收消费税。

③吨与千克、元与万元的单位换算。

（5）①白酒生产企业销售给销售单位的白酒，生产企业消费税计税价格低于销售单位对外销售价格（不含增值税）70%以下的，税务机关应核定消费税最低计税价格。（0.5分）

②纳税人将委托加工收回的白酒销售给销售单位，消费税计税价格低于销售单位对外销售价格（不含增值税）70%以下的，也应核定消费税最低计税价格。（0.5分）

🚀 应试攻略

本题考查消费税的税目、进口环节消费税的计算、存在单独收取的价外费用时销售额的确定、消费税视同销售行为及通过非独立核算门市部对外销售时销售额的确定、已纳消费税的扣除。结合本题，提醒大家注意：

（1）价外费用应纳入销售额中征收消费税，在对价外费用进行价税分离时，适用销售一般货物的税率，即13%。

（2）并不是所有的外购委托加工收回的应税消费品连续生产应税消费品时，已纳税款都可以扣除，外购9项、委托加工8项，做题时应首先判断是否属于可扣除的范围再进行计算，切忌直接扣除。

专题三　其他小税种

173 斯尔解析 ▶

（1）业务（1）无须缴纳资源税。（0.5分）

理由：资源税的纳税义务人是在中华人民共和国领域及其管辖的其他海域开发应税资源的单位和个人。因此进口铁矿石原矿不缴纳资源税。（0.5分）

（2）业务（2）应缴纳的资源税额=（425-5）×5%=21（万元）。（1分）

说明：销售额包括纳税人销售应税产品向购买方收取的全部价款，不包括增值税税额。

计入销售额中的相关运杂费用，凡取得增值税发票或者其他合法有效凭证的，准予从销售额中扣除。

（3）准予扣减的外购已税铁矿石原矿购进金额=900×1 000×（5%÷3%）÷10 000=150（万元）。业务（3）应缴纳的资源税额=（500-150）×3%=10.5（万元）。（1分）

说明：

①纳税人以外购原矿与自采原矿混合洗选加工为选矿产品销售的，在计算应税产品销售额或者销售数量时，按照下列方法进行扣减：

准予扣减的购进金额（数量）=外购原矿购进金额（数量）×（原矿适用税率÷选矿适用税率）

②注意"元"和"万元"单位的换算。

（4）业务（4）应缴纳的资源税额=140×（1-30%）×5%=4.9（万元）。（1分）

说明：从衰竭期其矿山开采矿产品，应纳资源税减征30%。

（5）业务（5）应缴纳的水资源税=230×1×4=920（元）。（1分）

说明：对于采矿、工程建设疏干排水，按照排水量征收水资源税。

应试攻略

由于资源税是单一环节征税税种，因此对于资源税的计算题，我们要采用类似消费税的思路，首先明确本业务涉及的环节是否需要缴纳资源税。在资源税相关知识点中，注意以下三点内容：

（1）"包含"在销售额中的运费如已获得有效凭证可以扣除。

（2）外购应税产品与自采应税产品混合后销售的扣除问题。

（3）水资源税的考查在近几年的真题中屡屡出现，故应重点关注征税范围、不征收水资源税的情形、水资源税的计算，以及税收优惠项目等。

174 斯尔解析 ▶

（1）二氧化硫排放量=1 000×10 000×120÷1 000÷1 000=1 200（千克）。

二氧化硫污染当量数=1 200÷0.95=1 263.16

二氧化硫浓度值低于标准浓度值的30%：（200-120）÷200=40%，故可以减按75%征收环境保护税。

当月应缴纳的环境保护税=1 263.16×1.2×75%=1 136.84（元）。（1分）

说明：

①排放应税大气污染物或者水污染物的浓度值低于国家和地方规定的污染物排放标准30%的，减按75%征收；低于污染物排放标准50%的，减按50%征收。

②低于排放标准的比例计算：（实际排放浓度-标准排放浓度）÷标准排放浓度。

（2）固体废物应缴纳的环境保护税=（159-10-5-4）×25=3 500（元）。（1分）

说明：固体废物环境保护税的计税依据为排放量。纳税人依法将固体废物转移至其他单位和个人进行贮存、处置或综合利用的，应将转移量计入其当期的贮存量、处置量或者综合利用量。

固体废物排放量=产生量-贮存量-处置量-综合利用量

（3）工业噪声应缴纳的环境保护税=350×50%=175（元）。（1分）

说明：噪声源一个月内超标不足15天的，减半计征。

（4）纳税义务发生时间：排放应税污染物的当日。（1分）

纳税地点：应税污染物排放地的税务机关。（1分）

应试攻略

对于环境保护税的计算，需要从以下三个方面重点把握：

（1）大气污染物、水污染物的计税依据为污染当量数，污染当量数=排放量÷污染当量值。

（2）对于每一排放口存在多种污染物的情形时，需要将各污染物的污染当量数从大到小排列，大气污染物取前3；水污染物分两类，第一类前5，第二类前3。

（3）注意计算和税收优惠结合。

专题四 房地产相关税种

175 斯尔解析▶

（1）该项目可售建筑面积的80%已经对外销售，剩余10%赠送给职工，需要视同销售，相当于该项目的90%完成销售，所以主管税务机关可以要求纳税人进行清算。（1分）

说明：

主管税务机关可以要求纳税人进行土地增值税清算的情形：

①已竣工验收的房地产开发项目，已转让的房地产建筑面积占整个项目可售建筑面积的比例在85%以上，或该比例虽未超过85%，但剩余的可售建筑面积已经出租或自用的。

②取得销售（预售）许可证满3年仍未销售完毕的。

③纳税人申请注销税务登记但未办理土地增值税清算手续的。

④省税务机关规定的其他情况。

（2）允许扣除的取得土地使用权支付的金额=36 000×（1+3%）×50%×90%=16 686（万元）。（1分）

说明：

①房地产开发企业为取得土地使用权所支付的契税，应计入取得土地使用权所支付的金额中。

②取得土地使用权所支付的金额需要考虑开发比例（50%）、销售比例（90%）。

（3）允许扣除的房地产开发成本=6 000×90%=5 400（万元）。

允许扣除的房地产开发费用=2 000+（16 686+5 400）×5%=3 104.3（万元）

允许扣除项目金额的合计数=16 686+5 400+3 104.3+312.12+（16 686+5 400）×20%=29 919.62（万元）。（1分）

说明：

①建筑安装施工企业就质量保证金对房地产开发企业开具发票的，按发票所载金额予以扣除；未开具发票的，不予扣除。本题中已经开具发票，可以扣除。

②房地产开发企业开发建造的与清算项目配套的公共设施，建成后产权属于全体业主所有的，成本、费用可以扣除。

③此题中的利息支出为"按已转让项目分摊计算"，故无须再乘销售比例。计算房地产开发费用公式中的"利息"，不能超过按商业银行同类同期贷款利率计算的金额。由于该利息支出按照商业银行同类同期贷款利率计算的利息为2 000万元，小于3 000万元，所以公式中用2 000万元。

（4）应确认的应税收入=48 000÷80%×90%=54 000（万元）。（1分）

说明：赠送给本企业职工的10%也需要视同销售处理，应作为土地增值税的应税收入。

（5）增值额=54 000−29 919.62=24 080.38（万元）。

增值率=24 080.38÷29 919.62×100%=80.48%，适用税率为40%，速算扣除系数为5%。

应补缴土地增值税=24 080.38×40%−29 919.62×5%−960=7 176.17（万元）。（1分）

说明：土地增值税清算时，应扣除已经预缴的税额。

应试攻略

本题考查房地产开发企业（以下简称"房企"）销售新建房土地增值税的计算，在计算应税收入及扣除项目时，结合一些细节知识点进行考查，题目难度较大，结合本题提醒大家注意：

（1）取得的土地未全部开发，开发项目未全部销售时，扣除项目需要匹配，取得土地使用权所支付的金额需要考虑开发比例、销售比例；房地产开发成本只需要考虑销售比例。

（2）对于房企销售新建房中，可以扣除的项目有5项，勿忘记"加计扣除"项目。

（3）需要注意各个扣除项目的细节规定，如质量保证金、装修费、配套公共设施、利息费用的具体处理方式。

此外，房企销售新建房采用一般计税方式时，如果题干中给出的是含税收入，在计算不含税收入时切忌直接价税分离。由于增值税的销售额是差额确定的，需先计算出增值税税额，再代入"不含税销售收入＝含税收入－增值税税额"进行计算。

176　斯尔解析▶

（1）一般纳税人转让其2016年4月30日前取得的不动产老项目，可以选择简易计税方法，该办公楼购于2015年，属于不动产老项目，可以适用简易计税方法。（1分）

（2）计算过程如下：

转让厂房应缴纳增值税＝（3 100－1 560）÷（1＋5%）×5%＝73.33（万元）

准予扣除的转让环节的税金＝46.8＋3 100×0.5‰＋73.33×（7%＋3%＋2%）＝57.15（万元）（1分）

说明：转让旧房不能取得评估价的，原购房时缴纳的契税（46.8万元）准予作为与转让房地产有关的税金进行扣除。

（3）准予扣除项目金额的合计数＝1 560×（1＋5%×9）＋57.15＝2 319.15（万元）。（1分）

说明：不能取得评估价格，但能提供购房发票的，可按发票所载金额并从购买年度起至转让年度止每年加计5%计算扣除，满12个月计1年；超过1年后，未满12个月但超过6个月的，可以视为1年。本题中购房日期是2015年3月，出售日期为2024年8月，共计9年零5个月，按9年计算。

（4）不含税收入＝3 100－73.33＝3 026.67（万元）。

增值额＝3 026.67－2 319.15＝707.52（万元）

增值率＝707.52÷2 319.15×100%＝30.51%，适用税率为30%。

该机械厂转让厂房应缴纳土地增值税＝707.52×30%＝212.26（万元）（1分）

（5）纳税人应在转让房地产合同签订后7日内（0.5分），向房地产所在地主管税务机关办理纳税申报（0.5分）。

应试攻略

本题考查非房企销售旧房采用简易计税方式无法取得评估价时土地增值税的计算，结合简易计税的增值税和附加税费、印花税，以及土地增值税的征收管理规定一并考查，综合性较强。结合本题提醒大家注意：

（1）对于非房企转让不动产增值税的计算，先确定计税方法是一般计税方法还是简易计税方法。

（2）把握转让存量房土地增值税的扣除项目，不要被题干中的干扰选项迷惑。特别是无法取得评估价但有购房发票时，对于5%加计的年份一定要精确记忆、精准计算。

（3）采用简易计税差额征税的情况下，土地增值税的应税收入在做价税分离换算时，一定要用原始办法，即用价税合计金额，减去计算出来的增值税应纳税额。类似的情形还适用于房地产开发企业销售自己开发的房地产项目采用一般计税方法差额征税时，也要用价税合计收入，减去计算出来的销项税额，得出不含增值税的土地增值税应税收入。

177 〔斯尔解析〕▶

（1）业务（1）应缴纳印花税=800 000×0.3‰=240（元）。（1分）

说明：因为修改后合同金额减少，按照修改后的金额计算缴纳印花税。多贴印花的，不得申请退税或抵扣；适用"购销合同"税目。

（2）不需要缴纳。（0.5分）

理由：纳税人因房屋大修导致连续停用半年以上的，在房屋大修期间免征房产税。本题中1月1日开始大修导致停用，修理工程7月底完工，持续半年以上，故大修期间免征房产税。（0.5分）

（3）业务（3）应缴纳印花税=600 000×1‰=600（元）。（1分）

说明：租赁合同的计税依据为合同所列的租金总额，不包括列明的增值税税款，增值税未单独列明时，计税依据为价税合计金额。

（4）10-12月对外出租期间，每月不含增值税租金收入=50 000÷（1+5%）=47 619.05（元）。甲公司2023年应缴纳的房产税=（70 000 000+800 000-300 000）×（1-30%）×1.2%×2÷12+47 619.05×3×12%=115 842.86（元）。（1分）

说明：

从价计征期间，更换的中央空调的成本应计入房产原值，同时替换下来的旧中央空调的成本允许从原值中扣减。但更换的灯泡的金额无须进行处理。

仓库大修期间，免征房产税。仓库出租前（8月~9月共计2个月），应以房产余值为计税依据，从价计征房产税。仓库出租后（10月~12月共计3个月），应以不含税租金收入从租计征房产税。

（5）需要缴纳土地增值税（0.25分）。不需要缴纳契税（0.25分）。

土地增值税政策依据：企业之间互换房屋，双方均需要视同销售缴纳土地增值税。（0.25分）

契税政策依据：房屋交换，契税的计税依据为互换房屋的价格差额。等价互换时，无须缴纳契税。（0.25分）

应试攻略

本题综合考查房产税、印花税，以及房屋互换情况下的土地增值税和契税。需要注意房产税在计算时应充分考虑税收优惠（大修期间免税），从租从价分段计算，在从价计征时还应考虑配套设施和附属设备对房产原值的影响。

专题五　企业所得税法

178　斯尔解析▶

（1）借款合同应缴纳的印花税=400×0.05‰=0.02（万元）。（1分）

说明：只有企业向银行借款签订的借款合同需要缴纳印花税。向非关联供货商借款签订的借款合同无须缴纳印花税。

（2）未计捐赠收入调增会计利润33.9万元。

借款合同印花税调减会计利润0.02万元。

综上，业务（1）和业务（2）应调增会计利润33.88万元。（1分）

说明：

企业如果接受非关联单位捐赠的货物，无论取得增值税专用发票还是普通发票，在会计核算上均按其价税合计金额一起记入"营业外收入"。

（3）职工福利费税前扣除限额=1 400×14%=196（万元）<实际发生职工福利费200万元，应调增应纳税所得额=200-196=4（万元）。

工会经费税前扣除限额=1 400×2%=28（万元）<实际缴付工会经费30万元，应调增应纳税所得额=30-28=2（万元）。

职工教育经费税前扣除限额=1 400×8%=112（万元），本年职工教育经费待扣除金额=165-80+15=100（万元）<112万元，未超过扣除限额，所以本年度实际发生的职工教育经费加上年度累计结转至本年度的职工教育经费15万元准予在本年度扣除，应调减应纳税所得额15万元。

综上，业务（3）应调整应纳税所得额=4+2-15=-9（万元），调减应纳税所得额9万元。（1.5分）

说明：

①软件生产企业发生的职工培训费用可全额据实扣除。

②扣除后的职工教育经费加上年结转之和再与扣除限额进行比较，若小于扣除限额，可将上年结转的职工教育经费在本年进行减除，因此应纳税所得额调减15万元。

（4）广告费和业务宣传费扣除限额的基数=7 500+2 300=9 800（万元）。

广告费税前扣除限额=9 800×15%=1 470（万元）<实际发生额1 542万元，应调增应纳税所得额=1 542-1 470=72（万元）。

业务招待费税前扣除限额①=9 800×5‰=49（万元），税前扣除限额②=（90-20）×60%=42（万元），两者取孰低，故按42万元作为扣除限额，实际发生90万元，应调增应纳税所得额=90-42=48（万元）。

综上，业务（4）应调增应纳税所得额=72+48=120（万元）。（1.5分）

说明：

①广告费和业务宣传费、业务招待费扣除限额的基数=主营业务收入+其他业务收入+视同销售收入。

②广告费和业务宣传费一般企业的扣除比例为15%；业务招待费的扣除限额为实际发生额的60%和销售（营业）收入的5‰孰低。

③未取得合法票据的费用不能税前扣除。

（5）利息支出准予扣除的限额=2 000×2×5%=200（万元）<实际发生额300万元，应调增应纳税所得额=300-200=100（万元）。（1分）

说明：非金融企业接受关联方债权性投资与权益性投资的比例不超过2∶1的比例计算的部分，对应利息不超过按照金融企业同期同类贷款利率计算的数额的部分，可据实扣除，超过部分不许扣除。

（6）无须缴纳企业所得税。（0.5分）

理由：软件企业收到即征即退的增值税税款，允许作为不征税收入，不缴纳企业所得税。（0.5分）

应调减应纳税所得额60万。（1分）

（7）应调减应纳税所得额40万元。（1分）

说明：国债利息收益免征企业所得税，企业债券利息收入应缴纳企业所得税。

（8）应调增应纳税所得额315万元。（1分）

说明：

①未决诉讼确认的预计负债，属于未经核定的准备金支出，实际发生时可以在税前扣除。本题中为计提的金额，不得税前扣除，需要纳税调增。

②替员工负担的个人所得税15万元，属于支付的与企业生产经营无关的款项，不得税前扣除，需要纳税调增。

（9）应代扣代缴的增值税=50÷（1+6%）×6%=2.83（万元）。（1分）

应扣缴的预提所得税=50÷（1+6%）×10%+1 000×25%×10%=29.72（万元）。（1分）

说明：

①向境外外资股东支付特许权使用费，在支付前应代扣代缴增值税。

②向境外外资股东支付特许权使用费以及分配的股息，均应源泉扣缴预提所得税。

（10）企业可以适用海南自由贸易港15%税率的优惠，或国家鼓励的软件企业"两免三减半"政策。（1分）

2023年度为企业获利年度的第三年，按照"两免三减半"政策企业可以按照25%税率减半征税，实际税率为12.5%，低于地区优惠税率15%，因此选择享受"两免三减半"政策税负更低。（1分）

（11）调整后的会计利润=7 500+2 300+1 200-6 000-1 300-800-420-1 800-1 200-380+1 700+33.88=833.88（万元）。

全年应纳税所得额=833.88-9+120+100-60-40+315=1 259.88（万元）

该企业应缴纳企业所得税=1 259.88×12.5%=157.49（万元）（2分）

🚀 应试攻略

　　企业所得税计算题，每一小问相对独立，考试中，必须逐项仔细审题，想清楚每一项业务的会计处理及税务处理，进行比较，计算应纳税所得额调整的金额，不要放过任何一问可以拿分的机会。本题中涉及的主要知识点包括：

　　（1）"借款合同"的判断及印花税的计算。

　　（2）"三项经费"、广告费及业务宣传费的扣除限额计算（准确掌握计算基数及比例、以前年度结转扣除，以及特定行业职工培训费的特殊规定）。

　　（3）向关联企业借款利息支出扣除和债资比的规定。

　　（4）即征即退增值税留抵退税款是否属于应税收入的判断。

　　（5）利息收入的免税规定（注意企业债券利息收入不免税）。

　　（6）不得税前扣除的项目。

　　（7）向境外支付所得的增值税代扣代缴、企业所得税源泉扣缴的计算。

　　（8）软件企业的企业所得税税收优惠政策。

179 斯尔解析▶

　　（1）应缴纳的房产税=600×（1-30%）×1.2%×11/12+（108÷3÷12）×12%=4.98（万元）。（1分）

　　说明：该仓库1月至11月应按1.2%税率从价计征产税，12月应按12%税率从租计征房产税。

　　（2）①备案要求：企业发生符合条件选择适用特殊性税务处理的，当事各方应在该重组业务完成当年企业所得税年度申报时，向主管税务机关提交书面备案资料。（0.5分）

　　不履行备案手续的相关后果：未按规定书面备案的，一律不得按特殊重组业务进行税务处理。（0.5分）

　　②该企业接收无偿划转设备的计税基础=3 000-500=2 500（万元）。（1分）

　　说明：特殊性税务处理中，划入方企业取得被划转股权或资产的计税基础，以被划转股权或资产的原账面净值确定。

　　（3）应调增应纳税所得额0.1万元。（1分）

　　说明：通过支付现金方式取得的投资资产，以购买价款为成本，支付的交易费用在税法上计入交易性金融资产的计税基础，会计上确认为投资收益，需要纳税调增。

　　（4）应调减应纳税所得额=100×5%×2=10（万元）。（1分）

　　说明：企业到期前转让国债，其持有期间尚未兑付的按照规定计算的国债利息收入，免征企业所得税，故本题中应将17万元所得中属于持有2年期间尚未兑付的国债利息收入部分调减应纳税所得额，剩余部分应作为转让财产计算纳税。

　　（5）广告费和业务宣传费扣除限额的基数=3 500+1 300+200=5 000（万元）。

　　广告费和业务宣传费扣除限额=5 000×15%=750（万元），待扣除的广告费和业务宣传费=480+160=640（万元），故应按照640万元进行扣除。

故业务（5）应调减应纳税所得额=640-480=160（万元）。（1分）

说明：

①业务（10）中的以外购设备进行的捐赠应属于视同销售，应按照该资产的公允价值确认视同销售收入，计入销售（营业）收入中，作为广告费和业务宣传费扣除限额的计算基数。

②本年会计上确认的广告费和业务宣传费金额为480万元，税法上允许扣除的金额为750万元，本年确认的480万元可以全额扣除，同时以前年度结转的160万元也可以扣除，故可调减应纳税所得额160万元。

（6）①残疾职工工资可加计100%扣除，应调减应纳税所得额15万元。

②可以扣除的职工福利费限额=280×14%=39.2（万元）<实际发生金额64.7万元，应调增应纳税所得额=64.7-39.2=25.5（万元）。

③可以扣除的工会经费限额=280×2%=5.6（万元）>实际发生金额5万元，工会经费可全额扣除。

④可以扣除的职工教育经费限额=280×8%=22.4（万元）>实际发生金额19万元，职工教育经费可全额扣除。

综上，应纳税调整金额=-15+25.5=10.5（万元）

应调增应纳税所得额10.5万元。（1.5分）

（7）委托境外研发费用允许计算加计扣除的基数为：

①实际发生额的80%=150×80%=120（万元）。

②境内符合条件的研发费用的2/3=600×2/3=400（万元），两者取孰小。因此，委托境外研发费用允许加计扣除的基数为120万元。

应调减的应纳税所得额=（600+120）×100%=720（万元）（1分）

（8）增值税：转让专利技术增值税免税。（0.5分）

企业所得税：一个纳税年度内，居民企业技术转让所得不超过500万元以内部分，免征企业所得税；超过500万元的部分，减半征收。（0.5分）

技术转让所得=1 200-300=900（万元）

应调减应纳税所得额=500+（900-500）×50%=700（万元）（1分）

（9）不能。（0.5分）

理由：企业新购置的设备、器具（指除房屋、建筑物以外的固定资产），单位价值不超过500万元的，允许一次性扣除。该环境保护设备价值超过了500万元，不适用一次性扣除的政策。（0.5分）

（10）增值税处理：外购的设备通过县级政府部门捐赠给目标脱贫地区，免征增值税，进项税额不得抵扣。（0.5分）

企业所得税处理：外购的设备通过县级以上人民政府向目标脱贫地区进行捐赠，应视同销售（0.25分），捐赠支出允许在税前全额据实扣除。（0.25分）

（11）应纳税所得额=1 807-4.98+0.1-10-160+10.5-720-700-100=122.62（万元）。（1.5分）

说明：除业务（1）至业务（10）外，题干中该企业自境内非上市居民企业分得的股息收入100万元免税，应调减应纳税所得额100万元。

（12）享受专用设备抵免税额之前的应纳税额＝122.62×25%＝30.66（万元），环境保护专用设备允许抵免应纳税额600×10%＝60（万元）。实际抵免30.66万元，将应纳税额抵免至0。

应纳税额＝0（1分）

当年未抵免部分＝60−30.66＝29.34（万元）

政策规定：企业购置并实际使用的环境保护专用设备的投资额的10%，可以从当年应纳税额中进行抵免（0.5分）。当年不足抵免的，允许在以后5个年度内结转抵免。（0.5分）

✈ 应试攻略

本题中涉及的主要知识点包括：

（1）跨税种考核，本题结合房产税进行考查，企业所得税还可以结合印花税、车辆购置税、车船税、附加税费，甚至土地增值税等各项应计入"税金及附加"科目的税种进行考查。

（2）特殊性税务处理取得资产的计税基础。

（3）国债利息收入的免税规定。

（4）"三项经费"、广告费及业务宣传费的扣除限额计算（准确掌握计算基数及比例，注意视同销售收入作为计算广告费和业务宣传费的基数）。

（5）研发费用加计扣除（注意委托境外研发加计扣除的基数）。

（6）居民企业转让技术所得的减免税规定（注意是所得，而不是收入）。

（7）专用设备税额抵免税收优惠。

（8）居民企业间符合条件的股息、红利收入免税规定。

180 斯尔解析▶

（1）业务（1）不需要缴纳增值税。（0.5分）

理由：纳税人取得的财政补贴收入，与其销售货物、劳务、服务、无形资产、不动产的收入或者数量不直接挂钩的，不属于增值税应税收入，不征收增值税。（0.5分）

（2）应调减应纳税所得额300万元。（1分）

取得财政拨款同时满足下列三个条件的，允许作为企业所得税上的不征税收入：

①能够提供有专项用途的资金拨付文件。（0.5分）

②对该资金有专门管理办法或管理要求。（0.5分）

③企业对该资金以及发生的支出单独核算。（0.5分）

（3）增值税处理不正确（0.5分）。

理由：委托其他纳税人代销货物，增值税纳税义务发生时间为收到代销单位销售的代销清单或者收到全部或者部分货款的当天；未收到代销清单及货款的，为发出代销货物满180日的当天。6月发出的代销货物，截至12月31日货物发出已经满180天，增值税纳税义务已发生。（0.5分）

企业所得税处理正确（0.5分）。

理由：企业所得税中，销售商品采用支付手续费方式委托代销的，在收到代销清单时确认收入，本题未收到代销清单，不确认收入。（0.5分）

（4）应补缴的增值税额=3 000×13%=390（万元）。（1分）

应补缴的城市维护建设税、教育费附加及地方教育附加=390×（7%+3%+2%）=46.8（万元）。（1分）

说明：此46.8万元应记入"税金及附加"科目，并且影响会计利润，在计算会计利润时需要减除。

（5）业务（3）应调减应纳税所得额=126.67−76=50.67（万元）。（1分）

计算过程如下：

税法允许的最低折旧年限为6年。

税法当年扣除的折旧额=1 600×（1−5%）÷6×6/12=126.67（万元）

会计当年计算的折旧额=1 600×（1−5%）÷10×6/12=76（万元）

说明：企业的固定资产由于技术进步等原因，确需加速折旧的，可以采取缩短折旧年限或者采取加速折旧的方法。但采取缩短折旧年限方法的，最低折旧年限不得低于规定折旧年限的60%，故计算企业所得税时该固定资产的计提折旧的年限=10×60%=6（年）。该固定资产6月投入适用，应从7月开始计提折旧共计提6个月。

（6）应调减应纳税所得额=8×10 000×（14−3）÷10 000=88（万元）。（1分）

说明：在股权激励计划可行权后，上市公司方可根据该股票"实际行权时"的公允价格与当年激励对象实际行权支付价格的差额及数量，作为行权当年的工资、薪金支出依法进行税前扣除。

（7）职工福利费扣除限额=（4 000+88）×14%=572.32（万元）<实际发生金额600万元，应调增应纳税所得额=600−572.32=27.68（万元）。

职工教育经费扣除限额=（4 000+88）×8%=327.04（万元）<实际发生金额400万元，应调增应纳税所得额=400−327.04=72.96（万元）。

工会经费扣除限额=（4 000+88）×2%=81.76（万元）>实际发生金额80万元，无须纳税调整。

综上，业务（5）应调增应纳税所得额合计=27.68+72.96=100.64（万元）。（1.5分）

说明：按照税法规定，在员工行权当年确认的工资、薪金支出88万元应作为计算三项经费的基数。

（8）业务招待费的扣除限额①=65 000×5‰=325（万元），扣除限额②=400×60%=240（万元），两个限额取孰低，故税法上业务招待费允许扣除的金额为240万元，应调增应纳税所得额=400−240=160（万元）。

广告费和业务宣传费的扣除限额=65 000×30%=19 500（万元）>实际发生金额1 200万元，无须纳税调整。

综上，业务（6）应调增应纳税所得额160万元。（1分）

说明：化妆品制造或销售、医药制造和饮料制造（不含酒类制造）企业发生的广告费和业务宣传费支出，不超过当年销售（营业）收入30%的部分，准予扣除；本题干企业为饮料制造企业，广告费和业务宣传费的扣除比例为30%。

（9）通过民政局进行公益性捐赠的扣除限额=（5 400-46.8）×12%=642.38（万元）＜实际发生额700万元，应调增应纳税所得额=700-642.38=57.62（万元）。

直接向贫困山区的捐赠不得税前扣除。

综上，业务（7）应调增应纳税所得额=100+57.62=157.62（万元）。（1分）

说明：

①直接向贫困山区捐赠的现金100万元，不得在税前扣除。

②通过县级民政局进行公益性捐赠支出700万元，为符合条件的公益性捐赠支出，可在利润总额12%的限额内扣除。

（10）甲企业弥补亏损前的应纳税所得额=5 400-46.8-300-50.67-88+100.64+160+157.62=5 332.79（万元）。

2023年可以弥补的以前年度亏损额=1 500+400=1 900（万元）。（1.5分）

说明：

甲企业2020年至2022年累计盈利=1 000+1 500+2 000=4 500（万元）

可弥补2017年5 000万元中4 500万元的亏损，截至2022年，2017年亏损尚有500万元未弥补，2018及2019年亏损均尚未弥补。由于亏损结转年限最长不得超过5年，故2017年的亏损额在2023年已超过5年期限，不可进行弥补。2023年只可弥补2018及2019尚未弥补的亏损，共计1 900万元。

（11）甲企业的企业所得税应纳税额=（5 332.79-1 900）×25%=858.2（万元）。（1.5分）

应试攻略

本题中涉及的主要知识点包括：

（1）跨税种考核增值税及企业所得税的"不征税收入"、委托代销方式下纳税义务发生时间。

（2）固定资产加速折旧造成的税会差异。

（3）股权激励确认成本费用的税会差异。

（4）"三项经费"、广告费及业务宣传费的扣除限额计算（准确掌握计算基数及比例，注意：①股权激励员工行权时的成本费用应作为工资薪金，纳入"三项经费"的计算基数；②关注企业类型，影响广告费和业务宣传费的扣除比例）。

（5）公益性捐赠的税前扣除（捐赠需分"据实扣""限额扣""不能扣"三个层次考虑税务处理）。

（6）亏损弥补。

此外，企业所得税涉及的纳税调整多种多样，很难通过做题"穷举"，因此，在本部分的练习中，强调掌握方法、以题目为线索，举一反三，夯实知识点。涉及会计处理较为复杂的纳税调整，无须紧张，按照纳税调整的计算思路（①确定会计上确认的金额；②税法上可以扣除的金额；③"税"－"会"），重点确认税法确定的金额，即可计算出纳税调整金额。

181 〔斯尔解析▶

（1）应补缴车船税=（5×800+10×40×80×50%×6/12）÷10 000=1.2（万元）。（1分）

说明：挂车按照50%征收车船税。购入10辆挂车从购入当月（7月）开始征收车船税，2023年共应缴纳6个月的车船税。

（2）业务（2）应调增应纳税所得额=800+104=904（万元）。（1分）

（3）业务（3）应调减应纳税所得额=100（万元）。（1分）

说明：从未上市居民企业分回的股息属于免税收入，应纳税调减。从持有期间不足12个月的上市居民企业分回的股息不得享受免税。

（4）业务（4）应调增应纳税所得额=100（万元）。（1分）

说明：该永续债符合条件并适用股息红利所得税政策，即购买方取得的永续债利息收入，作为免税收入，发行方支付的永续债利息支出，不得在税前扣除。故应进行纳税调增。

（5）非货币性资产对外投资当年会计上确认的非货币性资产转让所得=12 000-10 000=2 000（万元），分5年均匀计入应纳税所得额，当年应计入400万元。（1分）

业务（5）应调减应纳税所得额=2 000-400=1 600（万元）。（1分）

（6）业务（6）应调减应纳税所得额=460-90=370（万元）。（1分）

（7）手续费及佣金的扣除限额=1 000×5%=50（万元）。

业务（7）应调增应纳税所得额=100-50=50（万元）。（1分）

说明：手续费佣金的税前扣除比例为与有资质的中介机构签订的合同所确认的收入金额的5%。

（8）业务（8）应调增应纳税所得额=400（万元）。（1分）

（9）广告费和业务宣传费扣除限额=60 000×30%=18 000（万元）>实际发生额14 000万元，无须调整。（1分）

说明：此题目企业为生物制药企业，广告费和业务宣传费的税前扣除限额比例为30%。

（10）工资薪金总额=3 000+100=3 100（万元）。

职工福利费扣除限额=3 100×14%=434（万元）<实际发生额500万元，应调增应纳税所得额=500-434=66（万元）。

工会经费扣除限额=3 100×2%=62（万元）<实际发生额80万元，应调增应纳税所得额=80-62=18（万元）。

职工教育经费扣除限额=3 100×8%=248（万元），本年发生及上年结转职工教育经费合计=210+80=290（万元），本年实际发生额210万元可以全额扣除，上年结转的80万元调减应纳税所得额=248-210=38（万元）。

业务（10）应调增应纳税所得额=66+18-38=46（万元）（1.5分）

（11）调整后的会计利润=5 000-1.2=4 998.8（万元）。（1分）

（12）应纳税所得额=4 998.8+904-100+100-1 600-370+50+400+46=4 428.8（万元）。（1.5分）

说明：在会计利润4 998.8万元基础上进行纳税调整，本题涉及调整业务具体如下。

业务（2）调增应纳税所得额904万元。

业务（3）调减应纳税所得额100万元。

业务（4）调增应纳税所得额100万元。

业务（5）调减应纳税所得额1 600万元。

业务（6）调减应纳税所得额370万元。

业务（7）调增应纳税所得额50万元。

业务（8）调增应纳税所得额400万元。

业务（9）无须进行调整。

业务（10）调增应纳税所得额46万元。

（13）不可以享受高新技术企业的税收优惠。（0.5分）

理由：企业高新技术企业资格期满当年，在通过重新认定前，其当年企业所得税暂按15%的税率预缴。在年底前仍未取得高新技术企业资格的，应按规定补缴税款。企业在2024年4月才再次取得资质，因此在2023年不能享受15%的优惠税率。（0.5分）

（14）甲公司应缴纳企业所得税=4 428.8×25%=1 107.2（万元）（1分）

专题六　个人所得税法

（1）应该选择享受住房租金的专项附加扣除。

理由：李某工作城市为省会城市，住房租金扣除标准为每月1 500元，而住房贷款利息的扣除标准为每月1 000元。因此，从税后所得最大化出发，李某应选择享受住房租金专项附加扣除。（1分）

说明：住房租金专项附加扣除和住房贷款利息专项附加扣除不可同时享受，由纳税人择其一扣除。

（2）李某取得课酬支付方应预扣预缴的个人所得税=（3 600-800）×20%=560（元）。（1分）

说明：

①劳务报酬所得，预扣预缴时适用的是"三级超额累进税率表"，需要记忆。

②劳务报酬所得，预扣预缴时费用减除的确定需要收入与4 000元进行比较。本题中收入为3 600元，未超过4 000元，减除费用按800元计算。

（3）中奖应缴纳的个人所得税=（30-10）×20%=4（万元）。（1分）

说明：通过境内公益性社会组织、群众团体、县级以上人民政府及其部门等国家机关，对农村义务教育（含各类教育事业）的捐赠，据实扣除。

（4）汇算清缴时李某综合所得全年应纳税所得额=136 800+3 600×（1-20%）-60 000-1 500×12-12 000=49 680（元）。

适用税率10%、速算扣除数2 520元。

李某全年综合所得应纳个人所得税额=49 680×10%-2 520=2 448（元）（1分）

说明：

①累计减除费用60 000元勿忘记减除！

②劳务报酬所得，在并入综合所得中计算应纳税额时，费用减除统一为20%，无须将收入与"4 000元"进行比较。

③年终奖选择单独计税的方式，因此在计算全年综合所得时无须考虑。

④个人向个人养老金资金账户的缴费支出，在实际缴费年度可以扣除，扣除限额为12 000元/年。

（5）选择单独计税更有利。或：不选择合并计税更有利。（1分）

理由：

①年终奖单独计税。

年终奖按12个月分摊后，每月的奖金=80 000÷12=6 666.67（元），适用10%的税率、速算扣除数210元。

年终奖应纳所得税额=80 000×10%-210=7 790（元）

此方式综合所得和年终奖应缴纳的个人所得税合计＝2 448＋7 790＝10 238（元）

②年终奖并入综合所得合并纳税。

综合所得全年应纳税所得额＝136 800＋80 000＋3 600×（1－20%）－60 000－1 500×12－12 000＝129 680（元），适用税率10%、速算扣除数2 520元。

李某综合所得应纳个人所得税额＝129 680×10%－2 520＝10 448（元）

综上，李某选择年终奖单独计税更有利。

✈ 应试攻略

本题出题方式灵活，需要根据所学知识自行判断纳税人应享受的专项附加扣除及选择年终奖的计税方式，增加了题目难度。本题涉及的考点主要有：

（1）劳务报酬所得"预扣预缴税额"及"全年应纳税额"计算时确定应纳税所得额的差异（同时应关注稿酬所得、特许权使用费所得的差异）。

（2）租房租金、住房贷款利息专项附加扣除的标准。

（3）全年一次性奖金单独计税和合并计税时，全年应纳税额的计算。

（4）捐赠支出在分类所得中扣除的计算（需要特别注意据实扣除和限额扣除的适用情形）。

此外，穿插了劳务报酬所得"次"的界定以及个人养老金缴费时可以税前扣除的规定。除掌握基本计算外，还应关注个人所得税中的细节规定。

---

183 斯尔解析▶

（1）全年工资所得累计应预扣预缴的个人所得税＝（9 800×12－60 000－2 000×12－2 000×50%×12－400×12）×3%＝504（元）。（1分）

说明：

①子女教育专项附加扣除由父母双方均按50%扣除，王先生可享受每月2 000×50%＝1 000（元）的子女教育专项附加扣除。

②纳税人在中国境内接受学历（学位）继续教育，可享受每月400元继续教育专项附加扣除。

（2）王某股票期权所得应缴纳的个人所得税＝（16－9）×30 000×20%－16 920＝25 080（元）。（1分）

说明：股票期权行权时，实际购买价（施权价）低于购买日公平市场价（指该股票当日的收盘价）的差额，按"工资、薪金所得"计税，不并入当年综合所得，全额单独适用综合所得税率表计算纳税。

（3）股票分红收入应缴纳的个人所得税＝4 000×50%×20%＝400（元）。（0.5分）

股票转让收入暂免征收个人所得税，应纳个人所得税为0。（0.5分）

说明：

①个人从公开发行和转让市场取得的上市公司股票，持股期限超过1年的，股息红利所得暂免征收个人所得税，因此取得的2 000元股息无须缴纳个人所得税。

②个人从公开发行和转让市场取得的上市公司股票，持股期限在1个月以内（含1个月）的，其股息红利所得全额计入应纳税所得额；持股期限在1个月以上至1年（含1年）的，暂减按50%计入应纳税所得额，故4月取得的分红4 000元应减按50%计入股息、红利所得缴纳个人所得税。股息红利所得按20%税率缴纳个人所得税。

③对个人在上海证券交易所、深圳证券交易所转让从上市公司公开发行和转让市场取得的上市公司股票所得，免征个人所得税，故王先生股票转让所得3 000元免征个人所得税。

（4）首先计算王先生全年境内外合并综合所得的收入额=9 800×12+20 000×（1-20%）=133 600（元）。

境内外合并综合所得应纳税额=（133 600-60 000-2 000×12-1 000×12-400×12）×3%=984（元）

来源于M国综合所得的抵免限额=984×［20 000×（1-20%）÷133 600］=117.88（元）（1分）

（5）来源于M国其他分类所得（财产转让所得）的抵免限额=（56 000-3 000）×20%=10 600（元）。

来源于M国全部所得的抵免限额=10 600+117.88=10 717.88（元）（0.5分）

在M国实际被代扣代缴的个人所得税税款=3 200+5 300=8 500（元），小于抵免限额。

王先生应该在中国补缴差额部分税额=10 717.88-8 500=2 217.88（元）（0.25分）

王先生应该在取得所得的次年的3月1日至6月30日申报境外所得，补缴税款。（0.25分）

应试攻略

本题纳税人所得来源广泛，既有分类所得，又有综合所得；既有境内所得，又有境外所得，增加了题目难度。在做题时需要梳理做题思路，冷静处理。本题涉及的考点主要有：

（1）全年工资、薪金所得累计预扣预缴税款的计算。

（2）股票期权的个人所得税处理，分三个时点考虑：

①授予股票期权时，不征税。

②行权时，实际购买价（施权价）低于购买日公平市场价（指该股票当日的收盘价）的差额，按"工资、薪金所得"计税。对员工在行权日之前将股票期权转让的，以股票期权转让净收入，作为工资、薪金所得征收个人所得税。

按规定应按工资、薪金所得计算纳税的，不并入当年综合所得，全额单独适用综合所得税率表（年度）计算纳税。计算公式为：应纳税额=股权激励收入×适用税率-速算扣除数。

③将行权后的股票再转让时获得差额，适用转让上市公司股票的征免规定。

（3）个人转让上市公司股票，免征个人所得税。

（4）股息红利按20%税率缴纳个人所得税，且需关注日期。个人从公开发行和转让市场取得的上市公司股票，持股期限在1个月以内（含1个月）的，其股息红利所得全额计入应纳税所得额；持股期限在1个月以上至1年（含1年）的，暂减按50%计入应纳税所得额；持股期限超过1年的，股息、红利所得暂免征收个人所得税。

（5）境外所得已纳税款的抵免，要求掌握境外所得抵免限额的基本计算方法。

此外，需要认真阅读题干信息，如本题中对于子女教育专项附加扣除，王先生按照50%的比例进行扣除，不要惯性按照每月2 000元进行扣除。

184 斯尔解析▶

（1）12月应纳税所得额=160 000-（122 000-20 000×60%）=50 000（元）。（1分）

说明：业主本人的工资15 000元不得税前扣除。生产经营与个人家庭生活难以分清的费用，40%视为与生产经营相关，准予扣除，另外60%不得扣除。

（2）2023年全年应纳税所得额=50 000+152 500-60 000-（3 000+1 000）×12=94 500（元）。（1分）

（3）其他企业联营分回的利润应单独按照"利息、股息、红利所得"缴纳个人所得税。

应纳税额=15 000×20%=3 000（元）（1分）

（4）应纳税所得额不超过200万元部分的应纳税额=94 500×20%-10 500=8 400（元）。

减免税额=[8 400-2 000×（94 500÷94 500）]×50%=3 200（元）

全年应纳税额=8 400-2 000-3 200=3 200（元）（1分）

说明：或者采用下列方式计算。

由于全年应纳税额不超过200万元，故直接按照享受残疾人减免税额之后的税额减半征收。

全年应纳税额=[（94 500×20%-10 500）-2 000]×50%=3 200（元）。

（5）经营所得按月或季预缴的，月度或季度终了后15日内进行预缴。（0.5分）

经营所得年度汇算清缴期限为取得所得次年的3月31日之前。（0.5分）

🚀 **应试攻略**

本题考查个体工商户取得经营所得，以及同时享受其他优惠政策时，经营所得应纳税额的计算。要求考生对于经营所得减半征收的优惠政策熟练掌握。

185 斯尔解析▶

（1）退休前单位为刘某缴纳年金时暂不需要缴纳个人所得税。（0.25分）

理由：企业根据国家有关政策规定的办法和标准，为在本单位任职或者受雇的全体职工缴付的企业年金单位缴费部分，在计入个人账户时，个人暂不缴纳个人所得税。（0.25分）

年金收益计入个人账户时暂不需要缴纳个人所得税。（0.25分）

理由：年金基金投资运营收益分配计入个人账户时，个人暂不缴纳个人所得税。（0.25分）

（2）1～6月累计应预扣预缴个人所得税=（20 000×6-5 000×6-2 000×2×6）×10%-2 520=4 020（元）。（1分）

（3）达到法定退休年龄领取的企业年金、职业年金，不并入综合所得，单独计税。（0.25分）刘某按月领取的，应适用综合所得税率表（月度表）计算纳税（0.25分）。

按照国家规定领取的离退休工资，免征个人所得税。（0.5分）

（4）出租住房8月应缴纳个人所得税=（6 000-240-800）×（1-20%）×10%=396.8（元）。（1分）

说明：

①本次出租住房，均取得发票等合法凭据时，240元税费可据实扣除；1 200元修缮费用可按上限800元月扣除，剩余400元可在下月扣除；物业费600元不得扣除；另由于租金超过4 000元，可按规定扣除20%费用减除。

②个人出租住房，个人所得税税率为10%。

（5）转让债券允许扣除的买入价和费用=（200×1 000+700）÷1 000×500+870=101 220（元）。

转让债券应纳税额=（218×500-101 220）×20%=1 556（元）（1分）

应试攻略

该题覆盖了综合所得预扣预缴、企业年金、离退休工资、财产租赁和财产转让所得的计算。知识点考查较为综合，但是各小问相对独立，较容易拿分。但本题目简述类问题较多，这是近几年注会税法试卷的一个显著出题方向，考生应该练习计算的同时，熟记各类政策规定，特别是政策中的关键词和关键句，在考场上能用通顺的语句将其简述出来。

专题七　国际税收

186 斯尔解析 ▶

（1）甲企业持有乙企业股权比例超过25%，故甲企业与乙企业属于关联方。（0.5分）甲企业与境外关联企业年度其他交易金额超过4 000万元人民币，需要准备本地文档。（0.5分）

（2）针对无形资产使用权受让可以采用的转让定价方法包括可比非受控价格法、交易净利润法。若在无形资产授权使用的过程中各关联方交易高度整合难以单独评估，还可以采用利润分割法。（1分）

（3）乙企业享受税收协定待遇，采取"自行判断、申报享受、相关资料留存备查"的方式办理。（1分）

（4）甲企业应代扣代缴的增值税=5 000÷（1+6%）×6%=283.02（万元）。（1分）

（5）甲企业应代扣代缴的预提所得税=5 000÷（1+6%）×7%=330.19（万元）。（0.5分）

甲企业作为代扣代缴义务人，应自扣缴义务发生之日起7日内向其主管税务机关申报和解缴税款。（0.5分）

✈ 应试攻略

本题综合考查国际税收、增值税的代扣代缴及企业所得税的源泉扣缴，涉及的主要知识点包括：

（1）关联方的判定及关联交易同期资料管理要求。

（2）转让定价方法的确定。

（3）增值税纳税地点的确定及境外的单位或者个人在境内发生应税行为的增值税代扣代缴。

（4）企业所得税非居民企业应纳税所得额的计算及源泉扣缴制度。

可通过此题，将跨章节知识点进行串联。

187 斯尔解析 ▶

（1）居民企业可以就其取得的境外所得直接缴纳（0.5分）和间接负担的（0.5分）境外企业所得税性质的税额进行抵免。

（2）企业C分回企业A的投资收益不适用间接抵免的优惠政策。（0.25分）

理由：企业A直接持有企业B20%以上的股份，企业B直接持有企业C20%及以上的股份，企业A通过符合条件的企业间接持有企业C10%的股份，不足20%；且企业A直接持有企业C5%的股份，也不足20%，因此，不能适用间接抵免的优惠政策。（0.25分）

企业B分回企业A的投资收益适用间接抵免的优惠政策。（0.25分）

理由：居民企业A直接持有企业B的股份超过20%，可以适用间接抵免的优惠政策。（0.25分）

说明：

适用"间接抵免"的外国企业的范围：

由居民企业直接或者间接持有20%以上（含20%，下同）股份的外国企业，限于符合以下持股方式的5层外国企业：

第1层外国企业：企业直接持有20%以上股份的外国企业。

第2层至第5层外国企业：单一上一层外国企业直接持有20%以上股份，且由该企业直接持有或通过一个或多个符合规定持股方式的外国企业间接持有总和达到20%以上股份的外国企业。

（3）B企业的税后所得=2 000−500−33.6=1 466.4（万元）。（1分）

B企业所纳税额中应由企业A负担的税额=（500+33.6）×1 466.4×50%÷1 466.4=266.8（万元）

说明：本层企业所纳税额中由一家上一层企业负担的税额=（本层企业就利润和投资收益实际缴纳的税额+符合条件的由本层企业间接负担的税额）×本层企业向一家上一层分配的股息÷本层企业所得税后利润额。

此外，题目中给出的B企业应纳税所得总额是税前的所得，需要计算得出其税后所得。

（4）企业A取得的境外所得总额为1 000万元。

抵免限额=1 000×25%=250（万元）。（1分）

说明：某国（地区）所得税抵免限额=来源于某国（地区）的应纳税所得额×我国企业所得税税率，公式中来源于某国（地区）的应纳税总额是税前所得，所以要将税后所得换算为税前所得。

本题中关于企业A取得的境外所得总额1 000万元，有两种计算方式：

①B企业的税前所得为2 000万元，因此企业A取得的境外所得总额=2 000×50%=1 000（万元）。

②B企业的含税境外所得应为税后利润的50%（按持股比例计算），再加上B企业所纳税额中由A企业负担的部分税额（上一步骤中已经计算出来）。

企业A取得的境外所得总额=1 466.4×50%+266.8=1 000（万元）。

（5）企业A针对企业B分回的利润直接缴纳和间接负担的税额=1 466.4×50%×10%+266.8=340.12（万元），大于抵免限额。

所以企业A取得来源于企业B投资收益的实际抵免额为250万元。（1分）

说明：

企业A针对从企业B分回的利润直接缴纳的所得税额为企业A从企业B分回的股利被扣缴的甲国预提所得税，再加上企业B所纳税额中应由企业A间接负担的税额（上一步骤中已经计算出来）=1 466.4×50%×10%+266.8=340.12（万元）。

🚀 应试攻略

国际税收计算题，虽然步骤繁多，但套路一致。关键是通过本题的练习，掌握计算步骤，一层一层分层计算，每一层的计算正确是下一层计算的基础，因此切不可"急于求成"。

188 斯尔解析 ▶

（1）可以享受。（0.5分）

理由：A公司分得的股息属于境外投资者以分配利润直接投资的情形，可享受暂不征收预提所得税的政策。（0.5分）

（2）享受暂不征收预提所得税需满足以下三个条件：

①以分得利润从非关联方收购境内居民企业股权，属于直接投资。（0.5分）

②分得利润属于M公司已经实现的留存收益。（0.5分）

③收购价款直接从M公司账户转入C公司账户。（0.5分）

（3）咨询服务费属于提供劳务，该劳务在中国境内发生，属于来源于境内的所得。（0.5分）

（4）需要（0.5分）

理由：境内机构和个人向境外单笔支付等值5万美元以上的特定种类外汇资金，应向所在地主管税务机关进行税务备案。商标使用费超过了5万美元，需要进行备案。（0.5分）

（5）A公司派遣人员来我国提供咨询劳务，累积停留时间超过183天，故该咨询服务构成在我国的常设机构，应缴纳我国的企业所得税。（0.5分）

A公司在我国的活动构成常设机构的，属于非居民企业在我国设立机构、场所的情形，由于无会计账簿，应采用非居民企业核定征收的方式，按照核定利润率征收企业所得税，由A公司自行申报缴纳。（0.5分）

🗲 **应试攻略**

国际税收的计算问答题，经常会让考生进行文字性描述，结合本题，关注境外投资者再投资的递延纳税政策、对外付汇备案，以及常设机构的相关规定。

189 斯尔解析 ▶

甲公司注册成立于开曼群岛（实际管理机构不在中国），2022年通过在新加坡设立的乙公司而投资。

（1）丙公司应代扣代缴增值税、企业所得税。（0.5分）

应代扣代缴增值税=1 000÷（1+6%）×6%=56.60（万元）（0.25分）

应代扣代缴企业所得税=1 000÷（1+6%）×10%=94.34（万元）（0.25分）

（2）乙公司无法享受税收协定优惠。（0.5分）

理由：乙公司收到股息后有义务将股息全部支付给甲公司，且乙公司无实质性经营活动，不符合"受益所有人"的条件，无法享受税收协定中的优惠税率。（0.5分）

（3）丙公司应代扣代缴企业所得税。（0.5分）

应代扣代缴企业所得税=1 500×10%=150（万元）。（0.5分）

（4）需要在中国缴纳企业所得税。（0.5分）

理由：甲公司通过转让乙公司而将丙公司对外出售的行为属于间接转让中国居民企业股权。（0.25分）

鉴于乙公司无实质性经营活动，无人员和场所，此间接转让行为属于不具有合理商业目的安排。税务机关应重新定性该交易，确认为直接转让中国居民企业（丙公司）的股权，缴纳中国企业所得税。（0.25分）

（5）向主管税务机关报告该事项时可以提供以下资料：（写对其中两项每项得0.5分）

①股权转让协议。

②股权转让前后的股权架构图。

③境外企业及其下属企业上两个年度的财务会计报告。

④间接转让中国应税财产交易整体安排的决策或执行过程信息。

⑤境外企业及其下属企业再生产经营、人员、财务、财产等方面的信息，以及外部审计情况。

⑥用以确定境外股权转让价款的评估报告或作价依据。

⑦间接转让交易再境外应缴纳所得税的情况。

应试攻略

此题目考查税收协定管理中的受益所有人的判定方式，以及境外间接转让中国应税财产的一般反避税规定。此类政策需要考生在充分运用政策进行判断的基础上，还需要考生适当熟悉政策条款，能够应对部分简述类题目。

2024 CPA

税 法

注册会计师考试辅导用书·冲刺飞越（全2册·下册）

斯尔教育 组编

答案与解析

北京理工大学出版社

BEIJING INSTITUTE OF TECHNOLOGY PRESS

·北京·

版权专有　侵权必究

图书在版编目（CIP）数据

冲刺飞越. 税法：全2册 / 斯尔教育组编. -- 北京：
北京理工大学出版社, 2024.5
注册会计师考试辅导用书
ISBN 978-7-5763-4026-6

Ⅰ.①冲… Ⅱ.①斯… Ⅲ.①税法—中国—资格考试
—自学参考资料 Ⅳ.①F23

中国国家版本馆CIP数据核字(2024)第101144号

责任编辑： 时京京		**文案编辑：** 时京京	
责任校对： 刘亚男		**责任印制：** 边心超	

出版发行 / 北京理工大学出版社有限责任公司

社　　址 / 北京市丰台区四合庄路6号

邮　　编 / 100070

电　　话 / （010）68944451（大众售后服务热线）
　　　　　　（010）68912824（大众售后服务热线）

网　　址 / http://www.bitpress.com.cn

版 印 次 / 2024年5月第1版第1次印刷

印　　刷 / 三河市中晟雅豪印务有限公司

开　　本 / 787 mm×1092 mm　1/16

印　　张 / 22

字　　数 / 550千字

定　　价 / 46.10元（全2册）

图书出现印装质量问题，请拨打售后服务热线，负责调换